Le sociologue et l'historien

사회학자와 역사학자

Le sociologue et l'historien
by Pierre Bourdieu and Roger Chartier
Copyright © Ina, 1988 pour les émissions
«À voix nue» de France Culture
Copyright © Agone & Raisons d'agir, 2010 pour la présente édition
Korean Edition Copyright © King Kong Book, 2019

All rights reserved.
This Korean edition published by arrangement with Editions Agone
through Shinwon Agency Co., Seoul.

이 책의 한국어판 저작권은 신원 에이전시를 통해
저작권자와 독점 계약한 킹콩북에 있습니다. 저작권법에 의해 한국 내에서
보호를 받는 저작물이므로 무단 전재와 무단 복제를 금합니다.

지은이
피에르 부르디외 · 로제 샤르티에

옮긴이
이상길 · 배세진

Le sociologue et l'historien

사회학자와 역사학자

부르디외　　　　　　　　　　　**샤르티에**

킹콩북

일러두기

1. 이 책은 Pierre Bourdieu, Roger Chartier, *Le sociologue et l'historien*, Agone, 2010을 우리말로 옮긴 것이다.
2. 본문의 주석은 모두 각주이며, 옮긴이 주는 따로 구분해 주었다. 옮긴이 주를 덧붙이는 과정에서 영어판의 옮긴이 주도 부분적으로 참고했다.
3. 본문에서 번역 텍스트의 이해를 돕기 위해 옮긴이가 문구를 추가한 부분은 대괄호로 묶어 표시했다.
4. 원서에서 이텔릭체로 강조한 표현은 고딕체로 표시했다.
5. 단행본, 신문, 잡지, 정기간행물, 전집, 박사논문 등에는 겹낫표를, 강의, 방송, 논문 등에는 낫표를 사용했다.

차례

서문 생생한 목소리로　　　　　　6

1장 사회학자의 직능　　　　　　23

2장 환상과 인식　　　　　　　　48

3장 구조와 개인　　　　　　　　71

4장 하비투스와 장　　　　　　　91

5장 마네, 플로베르, 미슐레　　112

옮긴이 후기　　　　　　　　　135

서문
생생한 목소리로

1988년 나는 부르디외와 일련의 대담을 나눴다. 그 녹취록을 읽고 난 뒤 가장 먼저 떠오른 것은 다섯 번의 라디오 방송에서 그가 보여 준 모습이었다. 부르디외는 재치 있고 활력 넘치며 열정이 가득했다. 녹취록에서 나는 기억 속에 남아 있던 부르디외를 고스란히 다시 발견할 수 있었다. 내가 보기에 이 작은 책자의 미덕은 활발하게 오가는 대화 속에서 부르디외의 사유방식을 가장 정확히 포착할 수 있게 해 준다는 점이다. 즉 우리는 그의 사유방식을 때때로 뒤덮고 있던 몇 가지 장막, 예를 들어 콜레주드프랑스Collège de France의 교수[1]가 누리던 근엄한 권위라든가 부르디외가 생전에 참여한 전투적인 논쟁들을 [대화라는 형식 덕분에] 어느 정도 걷어 낼 수 있다. 그렇다고 이 다섯 편의 대담이 그의 작업에서 일관성과 응집성을 없애지는 않는다. 부르디

---

[1] 피에르 부르디외는 콜레주드프랑스 사회학 교수직을 맡으면서 1982년 4월 23일 취임 강연을 했다. 이는 미뉘Minuit 출판사에서 『강의에 대한 강의』Leçon sur la leçon라는 제목으로 출간되었다[『강의에 대한 강의』, 현택수 옮김, 동문선, 1999].

외는 여전히 자신이 초창기부터 제출한 분석 범주를 강조하고 비판적 명확성을 추구한다. 동시에 이 다섯 편의 대담에서 우리는 조금은 다른 부르디외, 그러니까 시간이 흐르면서 스스로 선택했거나 사람들이 그에게 부과했던 역할에서 비교적 벗어나 있는 [조금은 솔직한] 부르디외 자신을 만나게 된다. 즐겁고 쾌활한 부르디외, 다른 사람만이 아니라 자기 자신에 대해서도 가감 없이 빈정대는 부르디외, 자기 작업이 수행한 과학적 단절을 확신하는 부르디외, 그러면서도 다른 접근법이나 다른 학문과의 대화에 언제나 열려 있는 부르디외가 거기 있다.

부르디외와 나눈 일련의 대담은 지금과의 시차를 염두에 두고 읽어야 한다. 좀 더 정확히는 대담이 이루어진 그 당시 상황을 고려할 필요가 있다. 1988년 장-마리 보르제 Jean-Marie Borzeix[2]가 맡고 있던 프랑스퀼튀르France Culture 방송에서는 「생생한 목소리로」À voix nue라는 연속 대담 프로그램에 부르디외의 출연을 기획했다. 나는 같은 방송에서 「역사의 월요일」Les lundis de l'histoire의 제작에 참여하고 있었고 지금도 그 프로그램에 관여하고 있는데, 부르디외는 한 달에 한 번 월요일에 송출하는 그 방송에 이미 몇 차례 나온 적이 있었다.[3] 이런 사실로 미루어 내가 그에 대해 품고 있는 지적 존경과 우정이 어느 정도 증명되었다고 봤

---

2 장-마리 보르제는 1984년에서 1997년까지 프랑스퀼튀르 방송을 이끌었다. [옮긴이] 프랑스퀼튀르는 프랑스 공영 라디오 방송의 문화 채널이다. 역사, 철학, 사회, 정치, 과학 등에 걸친 광범위한 주제를 인터뷰, 토론, 독서, 다큐 프로그램과 같은 다양한 형식 아래 방송하고 있다.

는지, 부르디외의 대담자로 아주 초보자도 아니지만 그렇다고 대단한 유명인도 못 되는 역사학자인 내가 선택되었다. 「역사의 월요일」 방송에서 한번은 거의 잇따라 출간된 책, 즉 『구별짓기』La Distinction와 『실천감각』Le Sens pratique[4]을 다룬 적이 있는데, 거기서 부르디외는 [역사학자인] 파트리크 프리당송Patrick Fridenson, 조르주 뒤비Georges Duby와 서로를 존중하면서 대담을 나눴다.[5] 이는 내가 그 프로그램을 제작하면서 얻은 가장 강렬한 기억 중 하나로 남아 있다. 그 당시 『구별짓기』는 이 책을 잘못 이해했던, 아니 어쩌면 너무나도 잘 이해했던 몇몇 역사학자에게 맹렬한 비난의 표적이 되었다. 반면에 그 대담은, 만일 우리가 계급투쟁과 분류화투쟁luttes de classification을 구분할 수 있다면, 사회학자만이 아니라 역사학자도 계급투쟁만큼이나 현실적인 분류화투쟁을 이해해야 한다는 것을 보여 주었다. 또한 그 대담은 사회세계에 관한 대립적 표상들이 사회세계를 표현하는 동시에 생산한다는 것[즉 재현체계가 실재를 구성한다는 것]을 분명히 보여 주었다.

    1988년 시점에 부르디외는 많은 사람에게 『구별짓기』

---

3 부르디외는 1983년 10월 24일 카를로 긴즈부르그Carlo Ginzburg, 루이 마랭Louis Marin과 함께 예술사회학과 역사학에 관한 방송에 출연했고, 1985년 7월 8일 알랭 비알라Alain Viala의 책 『작가의 탄생: 고전주의 시대 문학사회학』Naissance de l'écrivain. Sociologie de la littérature à l'âge classique에 관한 방송에 크리스티앙 주오Christian Jouhaud, 알랭 비알라와 함께 출연했다.
4 각각 1979년과 1980년에 미뉘 출판사에서 출간되었다.
5 「역사의 월요일」의 해당 편은 1980년 2월 25일에 방송되었다.

라는 책의 저자로 알려져 있었다. 숱한 논란과 미디어의 주목 탓에 이 책은 부르디외라는 사회학자를 지적이고 공적인 무대의 전면에 올려놓았다.[6] 그러나 이 책의 출간 이전에 부르디외는 연구자로 이미 오랜 경력을 쌓았고, 치밀하면서도 박력 있는 일련의 저작을 발표했다.[7] 예를 들면 그는 알제리 카빌리Kabylie에서 민족지 작업을 수행했고,[8] 프랑스 교육체계에 관한 분석을 시도했으며,[9] 동료 학자들과 사진의 사회적 활용을 연구했고,[10] 미술관 관람에 관한 공동연구

---

[6] 1979년 12월 21일 부르디외는 「아포스트로프」Apostrophes라는 TV 프로그램에서 이 책을 소개했다. 이 방송에서 그는 페르낭 브로델Fernand Braudel, 막스 갈로Max Gallo와 함께 베르나르 피보Bernard Pivot 의 초대 손님으로 나왔다. 그 방송의 제목은 '역사학자, 사회학자 그리고 소설가'였다.

[7] 우리는 매우 뛰어난 서지 작업 덕분에 그 진가를 알 수 있다. 다음을 참조하기 바란다. Yvette Delsaut & Marie-Christine Rivière, *Bibliographie des travaux de Pierre Bourdieu, suivi d'un entretien sur l'esprit de la recherche*, Le Temps des cerises, 2002(2009년 개정판).

[8] Pierre Bourdieu, *Esquisse d'une théorie de la pratique, précédé de trois études d'ethnologie kabyle*, Droz, 1972.

[9] Pierre Bourdieu & Jean-Claude Passeron, *Les Héritiers. Les étudiants et la culture*, Minuit, 1964; Pierre Bourdieu & Jean-Claude Passeron, *La Reproduction. Éléments pour une théorie du système d'enseignement*, Minuit, 1970[『재생산』, 이상호 옮김, 동문선, 2000]; Pierre Bourdieu & Monique de Saint-Martin, "Les catégories de l'entendement professoral", *Actes de la recherche en sciences sociales*, n.3, 1975, pp.68~93; Pierre Bourdieu & Monique de Saint-Martin, "Épreuve scolaire et consécration sociale. Les classes préparatoires aux grandes écoles", *Actes de la recherche en sciences sociales*, n.39, 1981, pp.3~70. 마지막 연구 두 개는 우리의 대담 중에 피에르 부르디외가 언급한 것이다.

[10] Pierre Bourdieu, Luc Boltanski, Robert Castel & Jean-Claude Chamboredon, *Un art moyen. Essai sur les usages sociaux de la pho-*

를 진행했으며,[11] 실천논리에 관한 이론적 성찰을 제시했다. 이런 연구 노선은 꾸준히 엄청난 활력을 유지하면서 신중한 조사연구로 나타났고, 언제나 새로운 대상에 열려 있었다. 여론조사,[12] 결혼전략,[13] 오트쿠튀르la haute couture,[14] 스포츠 활동,[15] 기업주에 대한 사회학,[16] 프랑스 주교단[17]에 관한 연구가 그것이다. 이런 분석 가운데 일부는 종종 대담이나 강연의 형태로 행해졌고, 『사회학의 문제들』*Questions de sociologie*[18]이라는 작은 책자로 묶여 나왔다. 1980년대에는

---

tographie, Minuit, 1965[『중간예술』, 주형일 옮김, 현실문화연구, 2004].

11   Pierre Bourdieu, Alain Darbel & Dominique Schnapper, *L'Amour de l'art. Les musées et leur public*, Minuit, 1966.

12   Pierre Bourdieu, "L'opinion publique n'existe pas", *Noroît*, n.155, 1971[「여론은 존재하지 않는다」, 『사회학의 문제들』, 신미경 옮김, 동문선, 2004, 241~254쪽].

13   Pierre Bourdieu, "Les stratégies matrimoniales dans les systèmes de reproduction", *Annales ESC*, vol.27, n.4, 1972, pp.1105~1127; "De la règle aux stratégies. Entretien avec Pierre Lamaison", *Terrains*, n.4, 1985, pp.93~100.

14   Pierre Bourdieu, "Haute couture et haute culture", *Noroît*, n.192, 1974[「오트 쿠튀르와 오트 퀼튀르(고급문화)」, 『사회학의 문제들』, 213~224쪽]; Pierre Bourdieu & Yvette Delsaut, "Le couturier et sa griffe. Contribution à une théorie de la magie", *Actes de la recherche en sciences sociales*, n.1, 1975, pp.7~36.

15   Pierre Bourdieu, "Pratiques sportives et pratiques sociales", in *Actes du VIIe Congrès international de l'HISPA*, INSEP, tome 1, 1978, pp.17~37.

16   Pierre Bourdieu & Monique de Saint-Martin, "Le patronat", *Actes de la recherche en sciences sociales*, n.20/21, 1978, pp.3~82.

17   Pierre Bourdieu & Monique de Saint-Martin, "La sainte famille. L'épiscopat français dans le champ du pouvoir", *Actes de la recherche en sciences sociales*, n.44/45, 1982, pp.2~53.

이제 콜레주드프랑스 교수가 된 사회학자 부르디외의 지적 여정에서 세 권의 책이 이정표를 마련했다. 1982년 『말하기의 의미』*Ce que parler veut dire*[19]가 출간되었고, 1984년에는 산고를 거듭한 끝에 『호모 아카데미쿠스』*Homo academicus*[20]가 발표되었다. 마지막으로 우리의 대담이 있기 몇 달 전에, 부르디외의 강연, 토론, 발표 등을 엮은 『말한 것들』*Choses dites*[21]이 출간되었다. 「생생한 목소리로」에 출연했을 때 부르디외는 『예술의 규칙』*Les Règles de l'art*[22]의 출간을 준비하고 있었다. 그래서인지 에두아르 마네와 귀스타브 플로베르에 관해 진행 중인 연구를 말할 때, 그는 열정에 가득 차 있었다. 또한 영어로 간행된 많은 논문에서 부르디외는 지식 장과 예술 장의 고유한 특성이 무엇인지 성찰했는데,[23]

---

18 Pierre Bourdieu, *Questions de sociologie*, Minuit, 1980[『사회학의 문제들』].

19 Pierre Bourdieu, *Ce que parler veut dire. L'économie des échanges linguistiques*, Fayard, 1982. 이 저작의 출간으로 그는 자크 셀라르Jacques Cellard, 오귀스트 르브르통Auguste Lebreton, 조엘 우생Joël Houssin, 피에르 페레Pierre Perret와 함께 '놀라운 이야기를 하기'라는 제목의 1982년 10월 20일 자 「아포스트로프」 방송에 출연했다. 이는 그의 두 번째 「아포스트로프」 출연이었다.

20 Pierre Bourdieu, *Homo academicus*, Minuit, 1984[『호모 아카데미쿠스』, 김정곤·김기대 옮김, 동문선, 2005]. 이 책과 그의 콜레주드프랑스 보고서인 「미래의 교육을 위한 아홉 가지 제안」Neuf propositions pour l'enseignement de l'avenir과 관련해서 부르디외는 장-피에르 슈벤느망Jean-Pierre Chevènement, 앙리 테즈나 뒤 몽셀Henri Tézenas du Montcel, 폴 귀트Paul Guth와 함께 '학교에서 대학까지'라는 제목의 「아포스트로프」 방송에 세 번째로 출연했다.

21 Pierre Bourdieu, *Choses dites*, Minuit, 1984.

22 Pierre Bourdieu, *Les Règles de l'art. Genèse et structure du champ littéraire*, Seuil, 1992[『예술의 규칙』, 하태환 옮김, 동문선, 1999].

이는 1986년 프린스턴대학의 크리스천 가우스 비평세미나Christian Gauss Seminars in Criticism 시리즈의 강연이나, 우리의 대담과 같은 해에 출간된 하이데거에 관한 연구에서도 그대로 나타난다.[24] 그래서 우리는 바로 그 시점에 부르디외가 어떠했는지 이해해야 한다. 이를 위해 그가 나중에 『국가 귀족』*La Noblesse d'État*, 『파스칼적 명상』*Méditations pascaliennes*, 『남성 지배』*La Domination masculine*, 『경제의 사회적 구조』*Les Structures sociales de l'économie*[25]를 출간했고 출판사 '행동의 이유'Raisons d'agir에서 훨씬 더 직접적인 정치적 텍스트를 발표했다는 사실[26]을 모른 체할 필요가 있다.

---

23 Pierre Bourdieu, "The field of cultural production, or the economic world reversed", *Poetics*, 1983, vol.12, n.4/5, pp.311~356 및 "The historical genesis of a pure aesthetic", *The Journal of Aesthetics and Art Criticism*, 1987, vol.XLVI, pp.201~210. 이 두 편의 글은 다른 여덟 편의 글과 함께 다음 책에 다시 수록되었다. Pierre Bourdieu, *The Field of Cultural Production. Essays on Art and Literature*, Polity Press, 1993.
24 Pierre Bourdieu, *L'Ontologie politique de Martin Heidegger*, Minuit, 1988[『나는 철학자다: 부르디외의 하이데거론』, 김문수 옮김, 이매진, 2005].
25 Pierre Bourdieu, *La Noblesse d'État. Grandes écoles et esprit de corps*, Minuit, 1989; *Méditations pascaliennes*, Seuil, 1997[『파스칼적 명상』, 김웅권 옮김, 2001]; *La Domination masculine*, Seuil, 1998[『남성 지배』, 김용숙 옮김, 동문선, 2003]; *Les Structures sociales de l'économie*, Seuil, 2000.
26 1996년 『텔레비전에 대하여』*Sur la télévision*를 내놓으면서 출범한 이 출판사에서 부르디외는 『맞불』*Contre-feux*(1998)과 『맞불 2. 유럽 사회운동을 위하여』*Contre-feux 2. Pour un mouvement social européen*(2001)를 연이어 출간했다[『텔레비전에 대하여』, 현택수 옮김, 동문선, 1998; 『맞불』, 현택수 옮김, 동문선, 2004; 『맞불 2』, 김교신 옮김, 동문선, 2003].

1988년 시점의 역사학자들과 관련해서는 먼저 세 가지 사실을 상기해야 한다. 그래야 우리 대담과 관련된 몇 가지 주제를 좀 더 쉽게 이해할 수 있다. 우선 그 당시 역사학은 여전히 가장 공적인 학문이었고 모든 사회과학 중에서 가장 대중적인 학문이었다. 이는 종종 베스트셀러 자리에 올랐던 대가들의 저작 덕이기도 했지만, 시리즈로 출간된 훌륭한 기획들의 성공에 힘입은 결과였다. 프랑스의 편집자들은 이런 기획에 두려움이 없었고 독자들은 출간된 작품을 선뜻 구매했으며 적절한 번역자가 준비돼 있었다. [이런 기획 가운데 대표적인 작업이] 쇠이유Seuil 출판사에서 출간된 『사생활의 역사』Histoire de la vie privée였다 이 책은 필리프 아리에스Philippe Ariès, 조르주 뒤비의 기획 아래 1985년부터 1987년 사이에 다섯 권으로 발간되었다. 또한 그만큼 훌륭하지는 않지만, 프로모디스Promodis 출판사에서 『프랑스 출판의 역사』Histoire de l'éditiion française가 간행되었다. 나는 1982년에서 1986년 사이에 네 권으로 출간된 이 책의 기획에 운 좋게 앙리-장 마르탱Henri-Jean Martin과 공동으로 참여했다.

다른 한편 프랑스의 역사학자들은 아날Annales학파의 지적 지배를 가져온 분석 원리, 즉 대규모 자료에 대한 강조와 그 정량적 처리, 그리고 계열séries의 구축에서 멀어지기 시작했다. 이를테면 이탈리아 미시사의 주장들과 더불어 아날학파 외부에서 문제가 제기되고 내부에서도 상당한 비판이 쏟아졌다. 결국 기존의 [역사학적] 탐구 모델이 붕괴하기 시작하고 다른 접근들에 유리한 환경이 출현했다. 이런 접근들은 객관적인 분류 범주보다는 집합적 표상을 선호하고, 통계적 분포보다는 개별적 전유를 강조하며, 비의식의 결정요인보다는 의식적인 전략을 중시했다. 그런데 바로 여기에서, 부르디외의 관점에서는 분명히 아무 쓸모가 없는, 일련의 논쟁이 일어났다. 한편에서는 예전처럼 계열과 구조를 강조했고, 다른 한편에서는 최근에 유행하듯 행위자를 강조했다. 또 한편에서는 역사학자들이 사용하는 범주와 역사적 행위자들 자신이 사용하는 언어 사이의 유사성을 강조했고, 다른 한편에서는 차이를 여전히 고수했다.

마지막으로 역사학은 여전히 상당히 조심스럽게 자기 스스로에 관해 질문을 제기하기 시작했다. 부르디외의 사유방식과 아주 멀리 떨어져 있긴 하지만, 예를 들어 폴 벤느Paul Veyne, 미셸 드 세르토Michel de Certeau, 폴 리쾨르Paul Ricœur는 몇몇 중요한 저작[27]에서 인식을 추구하는 역사학의 지향성과 서사적 형식을 벗어날 수 없는 역사학의 글쓰기 사이에 긴장이 존재한다고 지적했다. 역사학자 전체는 아니지만, 적어도 일부에게는 이런 사실이 역사학의 전통적 확실성이 붕괴하는 또 다른 단서로 보였다. 게다가 그것은 과학적 역사학의 조건만이 아니라 역으로, 부르디외가 플로베르 연구에서 그렇게 했듯이, 허구fiction의 인지적 능

---

[27] Paul Veyne, *Comment on écrit l'histoire. Essai d'épistémologie*, Seuil, 1971[『역사를 어떻게 쓰는가』, 이상길·김현경 옮김, 새물결, 2004]; Michel de Certeau, *L'Écriture de l'histoire*, Gallimard, 1975; Paul Ricœur, *Temps et récit*(I~III), Seuil, 1983~1985[『시간과 이야기』 1~3권, 김한식 외 옮김, 문학과지성사, 1999~2004].

력에 대해서 성찰하는 강력한 계기로 작용했다.[28]

이런 국면에서 이 대담들은 부르디외가 어떤 지점에서 역사학, 그리고 역사학자들과 관계를 맺게 되는지 확인하게 해 준다. 그는 역사학자들이 분석 범주를 부당하게 보편화한다고 날카롭게 지적했고, 역사학자들이 [사실 및 사건의] 구분과 분류를 자연적인 대상으로 간주한 나머지, 이런 구분과 분류의 체계가 사회적이고 역사적인 구성의 산물이라는 점을 충분히 자문하지 않는다고 비판했다. 하지만 이와 동시에 부르디외는 프랑스만이 아니라 외국의 일부 역사학자가 제출한 일군의 연구를 존중했다. 부르디외는 이런 작업을 [자신이 책임진] 『사회과학연구논집』*Actes de la recherche en sciences sociales*에 기꺼운 마음으로 실었으며,[29] 미뉘 출판사에서 그가 기획을 맡았던 '공통감각'Le sens commun 총서로 출판하기도 했다.[30] 우리의 대담이 있기 전에 나 역

---

28 몰리에르Molière의 『조르주 당댕』*George Dandin*에 관한 내 작업은 바로 이런 전망 속에 자리 잡고 있다. 나는 이와 관련한 내용을 부르디외와의 대담에서 언급했고 다음의 논문으로 출간하기도 했다. "George Dandin, ou le social en représentation", *Annales. Histoire, sciences sociales*, vol. 49, n. 2, 1994, pp. 277~309.

29 1988년 이전에 『사회과학연구논집』은 외국 역사학자의 경우 예술사학자인 스베틀라나 앨퍼스Svetlana Alpers, 마이클 박산달Michael Baxandall, 프랜시스 해스켈Francis Haskell, 다리오 감보니Dario Gamboni, 엔리코 카스텔누오보Enrico Castelnuovo, 카를로 긴즈부르그, 에드워드 톰슨Edward Thompson, 에릭 홉스봄Eric Hobsbawm, 로버트 단턴Robert Darnton, 칼 쇼르스케Carl Schorske, 데이비드 새빈David Sabean의 연구를 실었고, 프랑스 역사학자의 경우는 모리스 아귈롱Maurice Agulhon, 크리스토프 샤를르Christophe Charle, 도미니크 쥘리아Dominique Julia, 뤼세트 르 반-르멜Lucette Le Van-Lemesle, 제라르 누아리엘Gérard Noiriel의 논문을 게재했다.

시 『사회과학연구논집』에 논문 하나를 발표했고,[31] 문화사와 책읽기를 둘러싸고 부르디외와 두 차례의 대화를 나누었다.[32]

그 당시 프랑스혁명 200주년을 맞아 격렬한 논쟁이 일어났다. 프랑스사 서술이 유행하기 시작했고 일부 역사학

---

30   Erwin Panofsky, *Architecture gothique et pensée scolastique*, précédé de *L'Abbé Suger à Saint-Denis*, traduction et postface de Pierre Bourdieu, Minuit, 1967[『고딕 건축과 스콜라 철학』, 김율 옮김, 한길사, 2016]; François Furet & Jacques Ozouf, *Lire et écrire. L'alphabétisation des Français de Calvin à Jules Ferry*, Minuit, 1977; François de Dainville, *L'Éducation des Jésuites(XVIe-XVIIe siècles)*, textes réunis et présentés par Marie-Madeleine Compère, Minuit, 1978; Alain Viala, *Naissance de l'écrivain. Sociologie de la littérature à l'âge classique*, Minuit, 1985. 여기에 역사학자의 저서는 아니지만 역사학에 결코 적지 않은 영향력을 미쳤던 두 권의 책을 추가해야 한다. Richard Hoggart, *La Culture du pauvre. Étude sur le style de vie des classes populaires en Angleterre*, présentation de Jean-Claude Passeron, Minuit, 1970[『교양의 효용』, 이규탁 옮김, 오월의봄, 2016]; Jack Goody, *La Raison graphique. La domestication de la pensée sauvage*, traduction et présentation de Jean Bazin et Alban Bensa, Minuit, 1970[『야생 정신 길들이기』, 김성균 옮김, 푸른역사, 2009].

31   Roger Chartier, "Science sociale et découpage régional. Note sur deux débats(1820~1920)", *Actes de la recherche en sciences sociales*, n. 35, 1980, pp. 27~36.

32   Pierre Bourdieu & Roger Chartier, "La lecture: une pratique culturelle", in *Pratiques de la lecture*, sous la direction de Roger Chartier et à l'initiative d'Alain Paire, Rivages, 1985, pp. 217~239(이 대담은 1982년 9월 18일에 생-막시맹의 콜레주데샹주콩탕포랭Collège d'échanges contemporains de Saint-Maximin에서 이루어졌으며, 프랑스퀼튀르의 프로그램 「대화」Dialogues를 통해 1982년 12월 7일 방송되었다); Pierre Bourdieu, Roger Chartier & Robert Darnton, "Dialogue à propos de l'histoire culturelle", *Actes de la recherche en sciences sociales*, n. 59, 1985, pp. 86~93.

자는 정치와 개인적인 것의 우선성을 또다시 강조하기 시작했다. 이런 [퇴행적] 논쟁이 갈수록 폭력성을 더해 가자, 부르디외는 역사학과 역사학자를 대상으로 비판의 강도를 점점 더 높여 갔다. 이런 사실은 그가 독일 역사학자 루츠 라파엘Lutz Raphael과 진행한 1995년의 대담에서 명확히 확인된다.[33] 부르디외의 논조는 1988년 [나와 나눴던] 대담의 논조와 완전히 달라졌다. 대부분의 역사학자를 겨냥해 이루어진 비판은 돌이킬 수 없을 만큼 단호했다. 1995년의 대담에서 부르디외는 (최소한 프랑스의) 역사학을 싸잡아서 비난했다. 왜냐하면 역사학이 모든 비판적 성찰을 거부한 채 그릇된 이항대립에 빠졌고, 나쁜 철학에 이끌린 나머지 사회과학의 고전적 저작들에 무지했으며, 이론적 성찰의 참된 장소인 조사연구의 실천을 무시한 채 공허한 인식론적 논쟁에 몰입했기 때문이다. 이런 가차 없는 판결에 대해서는 그 근거가 분명해 보일 수도 있고 부당하게 비칠 수도 있을 것이다. 마찬가지로 비판의 공격 대상이 정확해 보일 수도 있고 너무 모호하게 비칠 수도 있을 것이다. 그러나 어느 쪽이건 간에, 비판과 우정이 교차한 1988년 대담과는 논조의 차원에서 어느 정도 거리가 있었다. 그렇기 때문에 나는 이 책에서 어떤 대화의 소중한 순간을 다시 발견할 수 있어서 무척이나 행복하다. 그 대화는 상처와 오해로 한동안

---

[33] Pierre Bourdieu, "Sur les rapports entre la sociologie et l'histoire en Allemagne et en France. Entretien avec Lutz Raphael", *Actes de la recherche en sciences sociales*, n. 106/107, 1995, pp. 108~122.

손상되었지만 이후에 다시 이어졌다. 10년 뒤 나는 「역사의 월요일」에서 부르디외와 몇 차례 대담을 가졌다. 1988년과 마찬가지로 토론은 엄격한 동시에 편안한 열기로 생동감을 더했는데, 이는 내게 여전히 빛나는 추억으로 남아 있다. 이런 분위기 속에서 부르디외는 예를 들어 『파스칼적 명상』에 관한 대담에서는 고등사범학교 시절부터 친구였던 [철학자] 루이 마랭에 얽힌 추억을 회상하고,[34] 『남성지배』에 관한 대담에서는 [역사학자] 아를레트 파르주Arlette Farge와 놀라운 신비에 대해 대화했다. 가끔씩은 사회세계의 철칙을 깨뜨리고 뜻밖의 매혹적인 만남을 가능하게 하는 신비 말이다.[35]

이 책에 실린 다섯 편의 대담이 비록 경쾌한 논조를 띠고 있지만, 그 이면에는 부르디외 자신이 느끼는 고뇌가 흐르고 있음을 잊지 말아야 한다. 그는 꼭 적대자가 아니더라도 많은 사람이 자신의 분석에 대해 격렬하게 저항한다는 사실을 이해하려 애쓰면서 괴로워한다. 그는 또 대학세계이건 아니면 사회 전체이건 간에, 그의 표현대로라면 사회학자가 '내부자'로서 몸담고 있는 사회공간에 관한 [자신의] 분석이 자아내는 긴장을 이해하려고 노력하면서 고민스러워한다. 그러나 바로 여기서 사회학의 어렵지만 불가결한 과제가 발생한다. 부르디외의 관점에서 사회학은 사람들에게 그릇된 환상을 심어 주는 오인méconnaissances을 걷어 내

---

34 「역사의 월요일」, 1997년 5월 12일 방송.
35 「역사의 월요일」, 1998년 10월 19일 방송.

면서 지배와 예속을 작동시키는 메커니즘을 좀 더 명확하게 이해하게 해 준다. 이 과정에서 사람들은 환상에서 벗어나는 고통을 겪는다. 그렇기 때문에 "사회학자는 참을 수 없는 인간이다." 그런데 사회학자는 다른 사람들만이 아니라 자기 자신에 대해서도 참을 수 없는 인간이다. 자신이 분석하는 사회공간에 그 자신 또한 위치하기 때문이다. 우리는 부르디외의 말에서, [사회공간에 대한] 인식을 생산하는 주체가 인식의 대상 속에 갇혀 있는 사회과학이 벗어날 수 없는 이런 위치를 알게 되며, 바로 그런 위치에서 부르디외 자신이 언급하듯 고통스런 '정신분열'이 일어난다는 사실을 배우게 된다.

사회학의 기반이 되는 '합리적 유토피아주의'의 근간에는 사회학 작업이 내포하는 이런 자기분열이 놓여 있다. 이를 견뎌 내거나 받아들이기란 쉽지 않다. 그러나 만일 우리가 (사회학자를 포함해) 사회세계의 행위자를 구속하는 결정요인들을 밝힐 수만 있다면, 결국 외양의 허상과 기만적인 자명성을 비판하고 속박 상태를 완화하는 데 기여할 수 있으며, 비록 모든 사람이 완수할 수는 없겠지만 각자에게 주어진 '자기 사유의 주체가 될' 기회를 살리게 될 것이다. 사회학자의 작업은 개인과 사회, 합의와 갈등, 구조의 객관성과 행위자의 주관성 등의 그릇된 이항대립들에 빠지지 않을 때만 세상사와 지배의 자연적 질서를 냉혹하게 강제하는 것[결정요인들]에 맞서는 자기방어의 기술을 제시할 수 있다.

피에르 부르디외는 자신이 느낀 이런 책무에 사로잡혀

있었다. 이런 감정이 그의 [정치적] 참여만이 아니라 그의 고민, 그리고 지식에 대한 그의 믿음을 설명해 준다. 부르디외 관점에서 지식은 있는 그대로의 세계에서 필연성과 절망의 원천을 얼마간 걷어 낼 수 있는 유일한 수단이다. 열정에 찬 부르디외의 말들이 고스란히 살아 있는 여기 일련의 대담에서 우리는 이런 믿음을 발견하게 될 것이다.

2009년 11월 24일 파리에서
로제 샤르티에

부르디외　　　　　　　　　　**샤르티에**

부르디외　　　　　　　　　　**샤르티에**

다음의 텍스트는 「생생한 목소리로」 5회분 방송의 녹취록이다. 실제 대담은 1987년 12월 7일과 8일에 녹음됐고 1988년 2월 1일부터 5일까지 프랑스퀼튀르에서 방송됐다. 프로듀서는 마리-앙드레 아르미노 뒤 샤틀레Marie-Andrée Armynot du Châtelet가 맡았다. 2002년 1월 23일 피에르 부르디외가 갑작스레 타계한 이후, 이 대담은 같은 채널에서 2002년 1월 28일부터 2월 1일까지 재방송됐다.

1장
사회학자의 직능

로제 샤르티에 선생님의 작업이 받아들여지는 방식으로 볼 때, 우리는 평론가들의 펜 끝에서 나오는, 그리고 사람들의 머릿속에서 생겨나는 엄청난 모순적 반응에 놀라지 않을 수 없습니다. 이런 이유 때문에, 사회학자가 되는 것은 분명 쉬운 일이 아닙니다. 이를테면 이런 질문들이 제기됩니다. 사회학은 대중을 동원하기도 하지만, 운동의 열기에 찬물을 끼얹기도 합니다. 어느 쪽이 맞을까요? 사회학 저술은 너무 복잡하고 어려워서 많은 사람이 이해할 수 없지만, 어떤 사람들은 거기서 명확한 메시지를 발견하고 급진적 전복성을 추구합니다. 이런 일이 어떻게 가능할까요? 사회학은 우리가 종종 받는 인상처럼 스스로 지배적인 과학이라고, 그러니까 학문 중의 학문이라고 주장하지만, 선생님의 모든 작업이 증명하듯이 자신의 분과학문적 성격을 상실하고 있습니다. 어느 쪽 주장이 맞을까요? 아마도 우리는 이런 상반된 진술들에서 우리의 첫 번째 대담을 시작할 수 있을 듯합니다. 왜냐하면 이런 진술들이 일련의 근본적 질문으로 향하기 때문입니다. 간단히 말해서 사회학은 무엇일까요? 사회학자가 된다는 것은 무엇일까요? 사회학은 변화무쌍하고 약간은 공포감을 주기도 하는데, 우리는 이런 괴물이 다른 학문들, 예컨대 제가 속한 역사학과 어떤 관계에 있다고 이해해야 할까요?

피에르 부르디외 그렇죠. 저는 사회학이 불편함을 준다고 생각합니다. 사회학자로서 제 경험을 말하자면 박해자들에게 둘러싸여 있다는 피포위 망상을 얼마간 느끼게 됩니다. 그러나 박해자들의 공격 간에 이런저런 모순이 있다는 사실 덕분에 그런 느낌이 어쨌든 사그라집니다. 특히 제가 보기엔 사회학에 가해지는 정치적 성격의 비난들에 적어도 하나의 미덕은 있는 것 같습니다. 자가당착에 빠진다는 미덕 말입니다. 그 덕분에 이런 비난들이 [그것들을 객관화하는 학문으로서의] 사회학을 [역설적으로] 먹여 살립니다. 그래요. 사회학자로 산다는 것은 언제나 쉽지 않은 일이지요. 이건 분명한 사실입니다.

샤르티에 맞습니다. 왜냐하면 사회학은 우리가 보기에 사회 세계에 관한 분석을 시도하기도 하지만, 이와 동시에 그런 성찰성을 최대한 발휘해 사회학을 생산하는 사람, 즉 사회학자를 그 자신이 기술하고 있는 장 안에 다시 기입하는 학문이라서 그렇습니다. 이런 의미에서 사회학자로 산다는 것은 어려운 일이지요. 이는 사회학이 다른 사람들에게 그들 자신도 종종 견딜 수 없는 자기 이미지를 돌려주는 탓에 그렇기도 하지만, 사회학자를 [사회학적] 분석 안에 연루시키기 때문에 그렇습니다.

부르디외 바로 그렇죠. 저는 그와 같은 상황을 경험한 적이 있습니다. 예를 들어 사회학자가 아닌 사람들, 전문가가 아닌 사람들에게 사회학을 설명할 때, 저는 두 가지 가능한 전략 사이에서 갈라지곤 합니다. 그중 하나는 사회학을 역사학이나 철학과 별반 다르지 않은, 그러니까 학구적인 분과학문으로 소개하는 전략입니다. 이 경우에 사람들은 흥미를 보이긴 하지만 정확히 틀에 박힌 반응을 보입니다. 반면에 다른 전략에서는 사회학의 고유한 효과를 전달하려고 합니다. 다시 말해 청중을 자기분석의 상황에 집어넣으려 노력합니다. 그런데 이때부터는 제 자신이 청중의 조력자인 동시에 희생양이 될 수 있습니다. 이런 위험을 저도 잘 알고 있습니다.

예를 들어 제게는 이런 경험이 있습니다. 2년 전에 브뤼셀 필하모니에 간 적이 있습니다.[1] '브뤼셀 필하모니의 친구들'Les Amis de la Philharmonique de Bruxelles이라는 단체에서 저를 초청했거든요. 초청자는 매우 친절하게도, 하지만 조금은 순진하게도, 예술이나 음악사회학 등에 관해서 제가 어

---

1 우리는 브뤼셀에서 행해진 강연의 주제와 날짜를 확인하지 못했다. 아마도 그것은 다음 글의 주제를 되풀이한 것으로 보인다. "Bourdieu attaque. Deux doigts de Ravel. Entretien avec Cyril Huvé", *Le Monde de la musique*, 6 décembre 1978, pp. 30~31(repris in *Questions de sociologie*, op. cit., pp.155~160)[「음악광 유형의 기원과 진보」,『사회학의 문제들』, 신미경 옮김, 동문선, 2004, 170~176쪽].

떤 생각과 관점을 갖고 있는지 발표하러 와 달라고 말했습니다. 저는 이 일을 아주 정확히 기억하고 있는데, 마지막 순간까지 이렇게 말했습니다. 브뤼셀로 가는 한밤중의 차 안에서 말이죠. "아직 납득하지 못하겠지만, 사실 제게 지독한 일을 시키고 있는 겁니다. 상황이 심각해질 겁니다. 말썽이 생길 테고, 저는 사람들에게 욕을 먹게 되겠지요." 그는 강사를 괴롭히는 흔한 불안감 때문에 제가 그런다고 여겼어요. 그런데 제가 우려한 사태가 일어난 겁니다. 강연은 진짜 해프닝이 되어 버렸고, 브뤼셀의 지식사회에서는 일주일 내내 그 강연이 입방아에 올랐죠. 제 친구 하나는 참석자 중 한 명이 이렇게 말했다고 제게 전해 주었습니다. 초현실주의자 이후로 이때보다 활기차고 놀라운 논쟁은 들어 본 적이 없었다고 말이죠.

심지어 저는 사람들이 놀라지 않도록 완곡하고 중화된 것들만 말했습니다. 미리 조심을 했던 거죠. 청중 가운데 나이 든 부인이 있었는데, 멋지게 차려입고 핸드백을 무릎 위에 올리고 있었죠. 어떤 면에서는 콜레주드프랑스의 청중과도 비슷했어요. 저는 그분이 단 한 순간도 충격을 받지 않도록 최선을 다해서 신경을 썼는데, 가능하면 완곡어법을 사용하려고 했습니다. 이런 수단을 취해도, 제가 볼 때 사회학의 '진실'은 너무 강렬하고 폭력적입니다. 여기서 따옴표에 주의하기 바랍니다. 사회학의 '진실'은 사람들에게 상처를 주고 고통을 겪게 합니다. 그리고 이와 동시에 사람들은 고통에서 벗어나려고 합니다. 외견상 그런 고통을 초래한 사람[사회학자]에게 자신이 받은 상처를 전가하는 것이죠.

샤르티에 그것이 아마도 사회학과 역사학이 다른 점이고, 민족학 및 인류학과도 다른 점으로 보입니다. 역사학에서는 이미 죽은 자들에 관해서 말하고 민족학과 인류학에서는 아주 드물게만 자신에 대한 [학문적 분석] 담론에 반응하는 주체들을 기술하게 됩니다.

부르디외 맞습니다. 이 대목에서 다시 한 번 예를 들어 보죠. 제가 볼 때 상당히 흥미로운 일화입니다. 콜레주드프랑스의 동료 가운데 한 분이 제게 이렇게 말한 적이 있습니다. 그분은 프랑스학사원Institut[2]의 뛰어난 회원이기도 한데요. 제 작업이 학사원의 몇몇 구성원에게 모종의 저항감을 불러일으켰고, 어떤 경우에는 노골적인 반감이 있었다고 합니다. 제 작업 중에는 「교수식 이해 범주들」Les catégories de l'entendement professoral이라는 논문이 있습니다. 아이러니로 넘치는 제목이지요. 아무튼 이 글이 가장 많은 충격을 줬다고 합니다.[3] 아, 이건 여담인데, 저는 글을 쓰면서 유머를 담는 경우가 적지 않습니다. 그런데 애석하게도 글쓰기에는 웃음을 표현하는 기호가 없잖아요. 문자로 표기할 때 어쩔

---

2 [옮긴이] 프랑스 최고의 학술기구인 학사원Institut de France은 아카데미프랑세즈Académie Française를 비롯한 다섯 개의 주요 아카데미로 구성된다. 학사원은 1,000여 개에 달하는 학술기관과 박물관 등에 대한 관할 권한을 갖는다.

3 [옮긴이] Pierre Bourdieu & Monique de Saint-Martin, "Les catégories de l'entendement professoral", *Actes de la recherche en sciences sociales*, n.3, 1975, pp.68~93; Pierre Bourdieu, *La Noblesse d'État*, Minuit, 1989, 2장 참고.

수 없는 맹점 중의 하나입니다. 어쨌거나 그 논문, 그러니까 「교수식 이해 범주들」에서 저는 두 가지 측면에서 분석을 진행했습니다. 한편으로는 페늘롱고등학교Lycée Fénelon에서 입시반 교수가 학생들의 논술을 어떻게 평가하는지 분석했습니다. 고등사범학교 준비반 말입니다. 그리고 다른 한편으로는 고등사범학교 동문들의 추도문을 분석했습니다. 그런데 이 출중한 동료는 제게 이렇게 말했습니다. "아무리 그래도 그렇지, 추도문을 연구대상으로 삼다니요." 놀랍게도 그 자신도 이집트[역사]를 연구하는 학자입니다. 저는 이렇게 답했습니다. "선생님이 그렇게 말씀하실 수 있나요? 선생님의 연구대상도 추도문 아닌가요? 그렇지 않으면 뭐란 말인가요?"

이 일화가 사회학과 역사학 사이에 어떤 간극이 있는지 분명히 느끼게 해 주는 듯싶습니다. 역사학자에게는 많은 것이 자명한 사실로 주어지고 심지어는 [그런 사실만 발견해도] 업적으로 간주됩니다. 예를 들어 보죠. 만일 어떤 역사학자가 특정한 역사적 인물과 다른 역사적 인물 사이의 숨겨진 관계를 발굴한다면, 그러니까 친분을 찾아낸다면, 이는 일종의 발견으로 여겨지고 사람들은 찬사를 보낼 겁니다. 반면에 제가 예컨대 대학 세계, 또는 학문 장의 작동 방식을 이해하려고 입만 벙긋하더라도 저는 괴물 같은 밀고자 취급을 당할 겁니다. 옳은 말이건 아니건 상관없이 말이죠. 다른 한편 모두가 알다시피, [역사학이 취하는] 시간적 거리는 중립화neutralisation의 미덕을 갖고 있는 것으로 보입니다. 그런데 사회학에서 우리는 언제나 화급한 현장에 서

있고 우리가 다루는 문제는 언제나 생생하게 살아 있습니다. 이런 문제는 죽은 것도 아니고, 땅속에 묻혀 있는 것도 아닙니다.

샤르티에 그렇기 때문에 우리는 이 첫 번째 대담이 지적인 작업의 정치적 효과에 초점을 맞추거나, 프랑스의 지식 무대에서 지식인의 형상이 어떻게 변했는지 보여 줄 수 있다고 생각했습니다. 사회학의 사례를 통해서 말입니다. 거칠게 정리하자면, 사회의 거시적인 수준에서 예언자적이고 메시아적이며 고발자적인 지식의 형상이 있었는데, 아마도 사르트르라는 이름이 이런 유형의 [지식인] 담론을 상징할 수 있겠죠. 전후戰後의 사르트르 말입니다. 그런데 이런 형상 대신에 다른 식의 직무, 활동, 작업이 출현했습니다. 제가 굉장히 인상적으로 느끼는 푸코의 표현이 있습니다. 그는 자신의 작업 또는 활동이 결국에는 이런저런 자명성과 상식의 껍질을 깨는 일이라고 말합니다. 제가 보기에 이 지점에서 푸코와 선생님 사이에 매우 커다란 친화성이 있는 것 같습니다. 푸코의 표현은 선생님 자신의 것이라고 해도 별 무리가 없어 보입니다. 그렇게 봐도 될까요?

부르디외 전적으로 동의합니다. 제 생각에 푸코와 제가 완전히 합의할 수 있는 지점이 있다면, 그중 하나는 이른바 '총체적 지식인'의 형상을 거부한 데 있습니다. 이는 예언자 역할을 수행하는 위대한 지식인의 형상으로, 그 누구보다도 사르트르가 탁월하게 구현한 바 있습니다. 막스 베버에 따르면, 예언자란 삶과 죽음 따위의 총체적 질문에 총체적으로 답하는 인간입니다. 사르트르가 구현한 철학자는 바로 그 용어의 정확한 의미에서, 그러니까 존재, 삶, 정치 등 온갖 문제에 포괄적으로 답한다는 점에서 예언자의 형상입니다. 우리는 이런 총체적 역할에 조금은 눌려 있었고 조금은 지치기도 했어요. 그런 탓에 우리 세대는 사르트르의 입장에서 멀어진 것이죠. 그를 닮는다는 것은 받아들일 수 없는 일이었습니다. 말로André Marlaux의 표현을 패러디하자면, 우리는 절대의 화폐monnaie de l'absolu를 발행할 생각이 없습니다.[4] 달리 말해 더 이상 모든 것에 답할 수 없다는 뜻이죠. 이제는 일부러 부분적인 질문을 구성하고 또 제기해야 합니다. 동시에 그 질문들에 완벽하게 답해야 합니다. 그러니까 현 상태의 인식 도구를 가지고서 우리가 할 수 있는 한 가장 완벽하게 답해야 합니다. 이는 지식인의 과업에 관한 최소주의적 재규정인데요, 제가 보기에는 아무리 강조해도 지나치지 않습니다. 그것이 과학적인 동시에 정치적인 차원에서 훨씬 더 엄밀한 진보로 향하기 때문에 그렇습니다.

푸코에 관련해 제가 덧붙일 점이 있다면, 그건 아마도 제가 과학에 관해 매우 전투적인 관념을 갖고 있다는 사실입니다. 이런 관념은 [사르트르의] '참여'engagée와 전혀 동일한 의미가 아닙니다. 제가 보기에 사회과학은 이런 관념을 인식하건 아니건 간에, 혹은 스스로가 이런 관념을 원하건

---

[4] [옮긴이] 프랑스의 작가이자 정치가인 앙드레 말로는 "예술은 절대의 화폐"라고 말한 바 있다.

아니건 간에, 지극히 중요한 질문들에 답하고 있습니다. [혹시 답까지 내놓지는 못한다 하더라도] 적어도 사회과학은 중요한 질문들을 제기하고 있으며, 일상의 사회세계에서 제기하는 것보다 훨씬 더 훌륭하게 제기해야 할 의무가 있습니다. 예를 들어 언론계나 평론계, 또는 사이비 과학계에서 제기하는 방식보다 훨씬 더 훌륭하게 문제를 제기해야 합니다. 그것이 사회과학의 임무입니다.

샤르티에 과학이라는 개념을 동원하면서 선생님은 약간 위험한 지형에 서게 되는 게 아닐까요? 저는 어디선가 사람들이 선생님의 주장에 대해서 "새롭게 단장한 즈다노프주의 jdanovisme"[5] 같다고 평한 것을 읽은 적이 있습니다. 즈다노프주의는 과학과 비非과학을 '과학적으로' 구분 짓고 이런 구분이 권위를 통해 부과된다는 점에서 과학과 비과학을 '제도적으로' 구분 짓습니다. 어떻게 하면 우리는 이런 오류에 재차 빠져들지 않으면서 과학이라는 용어를 규정할 수 있을까요?

부르디외 중요한 지적입니다. 제 생각에 바로 거기서 제 자

---

5   1940년대 소비에트의 주요 지도자 중 한 명인 안드레이 즈다노프 Andreï Jdanov(1896~1948)의 이름으로부터 생겨난 즈다노프주의는 예술과 과학을 스탈린 시기 공산당의 이데올로기적이고 정치적인 목표에 종속시킨 독트린을 말한다. 이는 당연히도 계급투쟁이 과학적 지식을 관통한다는 관념을 포함했고 (진보적인) '프롤레타리아 과학'을 (반동적인) '부르주아 과학'에 대립시켰다.

신, 아니 적어도 제가 하고자 하는 일과 동시대를 살고 있는 많은 사람 사이에 커다란 오해가 하나 생깁니다. 저와 같은 세대에 속한 많은 이가 정확히는 즈다노프주의 시대의 지적이고 정치적인 풍토에서 태어났고 새로운 즈다노프주의자가 되었습니다. 이 점에서 저와 이들 사이에는 중요한 차이가 있다고 생각합니다. 그런데 [왕년에 즈다노프주의자였다가 이제는 대부분 전향한] 그들은 사회학이 수행하는 작업에서 스탈린주의 시대의 흔적을 찾을 수 있다고 믿습니다. 과학의 미명 아래 이루어졌던 것, 특히 과학과 이데올로기 사이의 단절 같은 것 말이죠. 그러나 저는 결코 그런 입장을 취한 적이 없고 지금도 굉장히 비판적인 관점에 서 있습니다. 그것은 신비주의적 단절에 불과하며, 조사연구를 실천하는 과학자들이 아니라 철학자들이 주장하는—이는 우연이라고 할 수 없는데—단절입니다. 이런 단절은 우리가 종교적이고 예언적인 담론에서 발견하는 것과 상당히 유사한 기능을 갖습니다. 그것은 신성한 것과 속된 것, 달리 말해 성자와 속인, (신성한) 예언자와 평민을 구분하는 기능입니다. 저는 이런 기능이 역겹다고 생각하는데, 비록 우리의 과학이 아직까지는 시작에 불과하고 초보적이며 유아적인 단계에 있을지 몰라도, 우리는 과학에 관해 논할 수 있고 또 그럴 만한 근거가 있다고 봅니다. 어찌 되었건 역사학자, 인류학자, 사회학자, 혹은 경제학자가 실천하는 과학적 노력과, 예컨대 철학자가 수행하는 노력 사이에는 성격상의 명확한 차이가 있습니다. 우리는 [철학자와 달리] 검증이나 반증 가능한 방식으로 일하려고 하지요.

한번은 라디오 방송에서 이런 경험을 한 적이 있습니다. 언제가 저는 레비-르부아예Maurice Lévy-Leboyer와 같은 방송에 출연했습니다. 그가 기업주에 관한 편저서[6]를 출간한 직후, 이 책을 놓고 저와 토론을 하기로 했는데요. 때마침 저 역시 기업주에 관한 논문을 하나 쓰고 난 이후였지요. 이 말이 라디오 방송에서 나왔는지 아닌지는 기억하지 못하지만, 그가 도착해서 이렇게 말했습니다. "그거 아세요? 제가 선생님의 글을 보고 선생님이 제시한 수치대로 통계를 다시 계산했어요. 그랬더니 우리의 연구 결과가 일치하지 않더군요." 그래서 저는 이렇게 말했습니다. "그럴 리가 없는데요? 어떻게 통계를 구했나요?" 그러자 그는 이렇게 답했죠. "아, 네. 저는 통계에서 은행가를 고려하지 않았습니다." 저는 그에게 말했습니다. "그럼 당연하지요. 그렇게 하니까 연구 결과가 일치하지 않겠죠." 그래서 우리는 [연구]대상의 구성 문제를 놓고 의견을 나누기 시작했습니다. 그러니까 관련 통계에서 은행가를 제외한다면 기업주 집단의 연구가 가능할 것인가? 이는 과학적 토론의 문제인데요, 이 대화 뒤에 그는 통계를 다시 산출할 수 있었고 저와 동일한 결과를 얻을 수 있었죠. 제가 보기에, 이런 종류의 것들이 과학에 관해 무언가를 말해 줍니다. 저는 사람들이 과학적 논거를 가지고 저를 반박할 수 있다는 의미에서 '과학'이라는 용어를 사용합니다. 하지만 이는 여전히 미진한 과제입니다.

---

[6] Maurice Lévy-Leboyer(dir.), *Le Patronat de la seconde industrialisation*, Cahiers du Mouvement social, n. 4, Éditions ouvrières, 1979.

좀 더 노력해야죠.

이야기가 나온 김에 제가 정말로 하고 싶은 말을 덧붙일까 합니다. 지금까지 저는 숱한 공격의 대상이 되었습니다. 그런데 정말 엄격한 의미에서 반박réfutations의 대상이 된 적은 없습니다. 생각해 보면 서글픈 감정이 들기도 합니다. 많은 이유가 있는데요, 그중 하나는 프랑스 지식 장 안에 저의 수많은 적ennemis이 있지만, 진정한 맞수adversaires가 없다는 사실에서 나옵니다. 호적수, 또는 맞수란 저를 반박하기 위해서 그에 필요한 [과학적] 작업을 하는 사람입니다. 사람들은 이렇게 말하겠죠. "하지만 그런 말은 전체주의적 발상입니다. 당신의 이론 자체가 반박될 수 없기 때문에 그렇습니다."[7] 전혀 그렇지 않습니다. 다만 저를 반박하려는 사람이라면 아침 일찍 이른 시간에 일어나서 열심히 일해야 합니다. 조금 오만하게 들릴지 몰라도, 어쨌거나 사실은 사실입니다……

샤르티에 그렇게 들리지 않으니 걱정하지 마세요. 하여간 우리는 [선생님을 반박하기 위해 열심히 일하는] 그런 과업을 조금도 거리끼지 않을 작정입니다. 논의의 출발점으로

---

7 [옮긴이] 부르디외가 반증 불가능한 방식으로 자기 이론을 제시하고 있으며, 따라서 포퍼적인 의미에서 '과학적'이지 않다는 주장은 특히 1985년에 우파 철학자 페리Luc Ferry와 르노Alain Renault가 부르디외 사회학을 '프랑스식 마르크스주의'라고 비판하면서 제기한 핵심 논점이었다. 뤽 페리·알랭 르노, 『68사상과 현대 프랑스 철학』, 구교찬 외 옮김, 인간사랑, 1995, 5장 참조.

다시 돌아가면, 제가 보기에 선생님의 작업 속에는 푸코식으로 말해서 확실성의 껍질을 벗겨 내려는 의지가 있습니다. 『사회학의 문제들』에서 그런 주장과 거의 비슷한 문장이 발견됩니다. "언어적이고 정신적인 자동성automatismes을 파괴하기." 사회세계에서 외견상 당연해 보이는 모든 사실을 문제화한다는 것이죠. 이는 이를테면 "이것은 지금과 다르게 존재할 수 없어. 이것은 언제나 그래 왔어……" 같은 식으로 자명성을 전제하는 모든 주장과 단절하게 합니다. 선생님이 증명하듯이 자명성은 언제나 특수한 내기물enjeux 및 세력관계와의 관련 속에서 구성됩니다. 저는 선생님 작업의 가장 예리한 성취 가운데 하나가 여기에 있다고 봅니다. 게다가 바로 이런 관점에서 사회학자만이 아니라 역사학자나 다른 분과학문의 연구자들이 선생님의 작업에서 훌륭한 교훈을 얻을 수 있습니다. 물론 선생님의 작업을 지지하는 한편 비판하고, 또 존중하는 동시에 거리를 두어야겠지요. 이는 우리의 대담이 지향하는 방향과도 어느 정도 연결되는 것 같습니다. 아무튼 확실성의 껍질을 최대한 벗기는 작업에서 선생님이 취한 방식 중 가운데 하나는 자연적인 것으로 간주된 경계, 분할, 구획에 문제를 제기하는 일입니다. 이런 경계, 분할, 구획들이 사실은 언제나 사회적으로 구성된다는 점을 드러내면서 말이죠. 이런 시각에서 우리는 선생님[의 작업]이 본보기가 되고 있다고 생각합니다. 왜냐하면 지금 와서는 역사학자 역시 자명해 보이는 범주들과 대결하는 과정에 있기에 그렇습니다. 몇 가지 사례를 들어 보죠. 우리는 청년과 노인의 구별이 본래 당연하다고 여길 수 있습니다. 실제로 생물학적으로 젊은 사람과 늙은 사람이 있지요. 이는 지역 간에 존재하는 경계에도 똑같이 적용됩니다. 행정적인 혹은 영토적인 경계가 분명히 있지요. 이를 통해서 우리는 남프랑스에 있는지, 아니면 북프랑스에 있는지 알게 됩니다. 또한 프랑스 국립통계연구소INSEE[8]나 기타 기관이 생산하는 객관적 범주들 그리고 사회 집단들에도 분명한 경계가 있습니다. 여러 기관이 중간계급, 기업주, 임금노동자 등을 구분하고 분류체계를 확립하는데, 바로 이런 분류화 작업이 집단을 존재하게 만들지요. 선생님에 따르면 이와 같은 '객관적' 분할은 그것을 정초하는 역사적 동학 내에서 이해되어야 합니다. 그러니까 언제나 이렇게 자문해야 합니다. 왜 하필 이런 식으로 분할이 일어나는가? 이런 식의 분할이 무엇에 쓸모가 있는가? 누구를 위해 봉사하는가?

부르디외 네, 방금 하신 말씀에 전적으로 동의합니다. 그리고 제 작업이 기여한 바가 있다면, 그중 하나는 과학 그 자체에 과학적 시선을 돌려줬다는 사실에 있습니다. 저는 그렇게 여기고 있는데요, 그래서 제 작업이 도그마 취급을 받거나 [지적] 테러리즘 등으로 묘사될 때 언제나 놀라곤 합니다. 예를 들어 직종 분류체계를 아무런 주저나 성찰 없이

---

8 [옮긴이] 프랑스 국립통계연구소Institut national de la statistique et des études économiques는 프랑스의 공식 통계 서비스 기관으로, 전국 단위의 인구조사 또한 담당한다.

사용하는 대신에 저는 분류체계 자체를 분석 대상으로 삼고자 했습니다. 저는 우리가 세계에서 가장 탁월한 역사학파[아날학파]를 갖고 있다고 보는데, 이는 절대로 입에 발린 칭찬이 아닙니다. 그런데 역사학자들은 범주를 너무 순진하게 사용하고 있습니다. 역설적인 일이지요. 일례로, 의사라는 개념 자체가 끝없이 변하는 역사적 산물입니다. 우리는 이런 사실을 먼저 인식해야 합니다. 그렇지 않으면 18세기 이후 지금까지 의사들의 지위를 비교하는 시계열적 통계를 산출할 수 없습니다[범주 자체가 다르니까요]. 이는 제가 만들어 낸 사례에 불과하지만, 여기서 알 수 있듯이 우리가 역사적 대상을 구축하는 범주들 자체가 역사적 분석의 대상이 되어야 합니다.

무언가 실재에 관해 말할 때 우리가 사용하는 용어도 마찬가지입니다. 예를 들어 '정치'la politique는 아주 최근에야 역사적으로 구성된 개념입니다. 그러니까 제가 정치 장이라고 부르는 세계는 사실상 19세기에 발명된 것입니다. 이에 대해서는 분명 토론의 여지가 있겠지만, 너무 모험을 하고 싶지는 않군요. 지금 제 앞에 엄청난 역사학자[샤르티에]가 버티고 있잖아요. 아무튼 역사를 사유할 때 우리가 사용하는 모든 용어, 단어, 개념이 역사적으로 구성된 산물입니다. 제가 볼 때는 분명히 그래요. 그리고 이상한 일이지만, 확실히 역사학자는 시대착오에 쉽게 빠지는 경향이 있습니다. 역사학자는 요즘 널리 쓰는 단어를 사용해서 그 단어가 아예 없었거나 다른 의미로 사용된 과거의 실재를 조명합니다. 아마도 유행에 따르거나, 자기 작업에 흥미를 더하려하거나, 아니면 그냥 모르고 그렇게 할 수도 있습니다. 대체로 이런 오용이 있습니다. 그래서 성찰성이 더욱더 중요한 것이죠.

샤르티에 선생님이 통시성diachronie, 즉 장기적인 시간에 관해 방금 말한 것은 동시대 사회세계에 대해서도 마찬가지로 적용시킬 수 있습니다. 다른 집단, 다른 계층이 똑같은 단어를 쓰면서도 전혀 다른 뜻으로 사용할 수 있습니다. 우리는 주어진 범주를 보편적이고 불변적인 것으로 가정하고 무심코 사용합니다. 그렇게 하면서 대상의 역사적 구성과 변이를 은폐하게 됩니다. 이는 명목론이 빠지기 쉬운 일종의 함정 가운데 하나입니다.

정치라는 사례를 다시 가져와 보지요. 제 생각에 근본적인 문제는 무엇이 정치적인 것인가 하는 문제에 대해 사람들이 얼마나 다르게 정의하고 있는지 보여 주는 데 있습니다. 바로 그것이 선생님을 통계학자나 여론조사 전문가와 대립시킨 한 가지 논점이 되겠지요. 선생님에 따르면 무응답도 어떤 의미를 갖고 있으며, 동일한 답변도 상이한 사회계급에서 나왔을 때는 전혀 다른 뜻을 가질 수 있습니다. 간단히 말해서 선생님은 [무엇이 정치적인 문제인지에 대해 모든 사람이 동일한 인식을 공유한다는 전제를 의문에 붙임으로써] 하루종일 쏟아지는 여론조사의 적절성 자체를 문제시했습니다.

부르디외 정확히 그렇습니다. 역사학자들이 범하는 이런 종류의 시대착오는 사회학자에게는 자계급 중심주의ethno-centrisme de classe라는 형태로 나타납니다. 달리 말해 사회학자는 [자기 자신의] 특수한 사례를 보편화하는 경향이 있습니다. [사회학자인] 저는 남성/여성, 뜨거운/차가운, 건조한/습한, 높은/낮은, 지배계급/피지배계급 등으로 구성된 저만의 고유한 사고범주, 분류체계, 분류틀, 구분법을 가지고 있는데, 이를 보편화하는 것이죠. 이는 어떤 경우에 시대착오를 빚어내고, 다른 경우에는 자계급 중심주의를 가져옵니다. 각각의 경우에 문제는 자기 자신의 질문체계를 문제화하지 않는다는 사실에서 나옵니다.

이 지점에서 저는 「교수식 이해 범주들」이라는 논문으로 돌아오게 됩니다. 만일 제가 이론적 모델을 하나 갖고 있다면 그건 아마도 칸트적 모델에 가깝지 않을까 합니다. 칸트는 실재를 사고할 때 우리가 이용하는 도구를 성찰적 비판 아래 두고자 합니다. 제 논문은 칸트식 모델의 완벽한 예시로 볼 수 있습니다. 거기서 저는 선생들, 즉 교수들이 학생의 과제를 평가하기 위해 어떤 이항대립을 사용하는지, 그리고 세상을 떠난 동료를 평가하기 위해 어떤 이항대립을 동원하는지 검토하려고 했습니다. 덧붙여 두 가지 평가에서 같은 이항대립이 사용되는지 확인하려고 했습니다. 그런데 교수들이 책을 평가할 때에도 이런 지각범주들이 사용됩니다. 그러니까 지각범주를 분석하는 저의 책을 읽을 때, 그들은 무의식적으로 그런 범주들을 동원하게 됩니다. 예컨대 누군가는 이렇게 말하곤 합니다. "사회학 읽기의 장애물 가운데 하나는 사회학이 저속하다는 점이다." (저는 키

케로가 사용한 오래된 표현을 다시 취하려고 합니다. 그는 '평민철학'philosophia plebeia에 관해 말한 바 있지요.) 사회학이 저속한 이유는 그것이 민중에 관해서 말하기 때문이 아니라, 학문들의 위계질서에서 제일 아래쪽에 있기 때문입니다. 또 다른 이유는 사회학이 다른 학문보다 민중에 관해 더 많이 말하기 때문입니다. 우리는 이 점에 관해 나중에 다시 논할 작정입니다. 어쨌거나 아주 심층적으로 내면화된 이런 사고범주들은 교육체계 내에서 분과학문들의 위계질서와 연결되어 있습니다. 거기서는 수학처럼 순수한 분과학문이 화학이라든지 나아가 지질학 같은 불순한 학문보다 훨씬 더 '높은' 위치를 차지하고 있지요. 마찬가지로 철학은 지리학보다 훨씬 더 '높은' 자리에 있습니다.

샤르티에 역사학은 그 둘 사이에 있지요.

부르디외 그렇습니다. 역사학은 중간에 있습니다. 이항대립의 체계는 강력하게 구조화하는 효과를 가지고 있습니다. 그것은 심지어 저작의 선택에까지 영향을 미칩니다. 달리 말해 [어떤 분과학문에 속한 학자가] 무엇을 출판할지, 무엇에 관해 쓸지에 영향을 미칩니다. 우리의 야심이 크면 클수록, 우리는 점점 더 거창한 주제를 택하려고 합니다. 이를테면 세계적이고 보편적이며 이론적인 주제 말입니다. 보통은 연구자의 사회적 출신이 올라가고 교육수준이 높을수록, 또 좋은 학교를 나왔을수록 그런 경향이 나타납니다. 이 모든 것은 지식인들이 객관화해야 하는 요소이지만 실제로는 지식인들의 사유를 조종합니다. 이 모든 것을 폭로하는 사람은 다른 사람들을 귀찮게 하려는 게 아니라 단지 자기 자신을 점검하려고 하는 경우에도 다른 사람들을 불편하게 만듭니다. 십중팔구 그렇다고 봐야죠.

샤르티에 제가 보기엔, 폭로하는 사람도 쉽지 않습니다. 그는 자기 자신 또한 불편하게 만듭니다. 폭로의 글쓰기 자체가 극도의 긴장감 속에서 진행되고 지극히 복잡한 과업이 되기에 그렇습니다. 만일 역사학자로서 우리가 선생님의 주장에서 출발해 단어mots와 용어notions 사이의 긴장을 고려해야 한다면, 그러니까 변화하지 않고 그대로 남아 있는 단어들과 연대기적이건 사회적이건 간에 다양한 방식으로 구성되는 용어들 사이의 긴장을 고려해야 한다면, 우리는 어떻게 해야 할까요? 여러 가지 가능한 선택지가 있겠지만, 제 생각에 어떤 것도 완전히 만족스럽지는 않습니다. 이를테면 한편으로 행위자들 자신의 언어를 되풀이하는 선택지가 있을 수 있는데, 프랑스 역사학파 중에 일부 학자가 그렇게 했지요. 그들은 자신이 연구하는 시대의 사람들이 사용하는 어휘와 범주로 역사를 쓰고자 했습니다. 다른 한편으로 번역이라는 선택지가 있습니다. 그러니까 한 시대의 모든 사태를 다른 시대로 옮겨 내는 겁니다. 폴 벤느는 로마 세계를 이해시키는 과정에서 모든 것을 번역하려고 했지요. 이는 우리 세계와 로마 세계를 갈라놓는 근본적인 이질성을 보여 주기 위해서였습니다. 그러니까 벤느는 기이하고도 인위적인 친숙성의 효과를 통해서 두 세계의 다양한 차이들을 드러내고자 했던 거죠.[9] 또 다른 선택지로 역사학자는 특정한 시기에 특정한 역사적 정세 속에서 탄생한 개념을 빌려 와서 그보다 훨씬 오래된 현실에 적용할 수 있습니다. 우리는 개념을 검증해 보기 위해서 그렇게 하기도 하지만, 오래된 현실을 새로운 각도에서 검토하기 위해서 그렇게 하기도 합니다.

예를 하나 들어 보죠. 뒤비와 (불행히도 지금은 작고한) 아리에스의 주도로 『사생활의 역사』가 출판되었습니다.[10] 아시다시피 '사생활'la vie privée 개념은 중세라든지 16세기에 한정된 개념이 아닙니다. 그 개념에는 훨씬 더 오래된 정의定義가 있습니다. 예를 들어 로마법에서 사용된 용례가 있습니다. 다른 한편 그 개념에는 훨씬 더 나중에 생성된 정의도 있습니다. 예를 들어 (영미권에서) '프라이버시'privacy 개념이 출현하는데, 이는 19세기에 가족애로 좁혀진 친밀성을 뜻합니다. 이런 사실에도 역사학자는 그 개념을 선택하기로 했고 그 개념에 의존하기로 했습니다. 많은 경우 사생활 개념이 시대착오적 결과를 낳기도 하지만, 그 개념이 매우 장기간의 역사에 적용될 수 있다고 보는 것이죠. 여기서 역

---

9 [옮긴이] 이는 고대 로마 문명의 특수한 관행이나 제도를 동시대 유럽 세계의 어떤 대응물에 유비해 설명함으로써 도리어 그 둘 사이에 구체적으로 얼마나 큰 이질성이 있는지 드러냈다는 뜻이다. 폴 벤느, 「로마제국」, 조르주 뒤비·필리프 아리에스 편, 『사생활의 역사』 1권, 주명철·전수연 옮김, 새물결, 2002, 1부 참조.
10 [옮긴이] 조르주 뒤비·필리프 아리에스 외 편, 『사생활의 역사』 1~5권, 주명철 외 옮김, 새물결, 2002~2006 참조. 한편 공동 편집자 중 한 명인 조르주 뒤비 또한 1996년 12월 타계했다.

사학자는 역사적 실재가 새로운 방식으로 지각될 수 있는지 시험하려고 하며, 이와 동시에 사생활이라는 개념 자체를 검증하고 그 개념의 적절한 한계를 보여 주려고 합니다. 하지만 어떤 경우든 선택은 매우 어려운 일입니다. 동시대 사회를 연구하는 학자, 예컨대 사회학자에게도 이는 마찬가지일 것으로 보입니다. 선생님이나 다른 사회학자의 글쓰기는 종종 난해하다 싶을 정도로 복잡하고 팽팽한데, 이는 역사학자와 동일한 어려움에서 나오는 것 같습니다. 간단히 말해서 어떤 어휘는 우리가 특정한 역사적 시기로부터 물려받은 겁니다. 그래서 겉으로는 안정적으로 보이는 것이죠. 이런 어휘를 가지고 어떻게 [역사적] 변이를 이해할 수 있을까요?

부르디외 역사학자로서 선생님이 말씀하신 모든 것이 사회학자로서 제가 지지할 수 있는 내용과 정확히 일치합니다. 사람들이 과거와 현재[혹은 역사학과 사회학] 사이에 너무나 자주 대립관계를 설정한다는 점에서 저는 [우리가] '심지어' a fortiori 정확히 일치한다고 말하고 싶군요. 현재란 단순히 시간상의 현 시점이 아니라 투쟁의 대상입니다. 즉 현재는 투쟁의 대상이 될 정도로 충분히, 그리고 여전히 생생한 무엇입니다. 그래서 바로 지금, 예컨대 프랑스혁명이 [단순한 과거의 사건이 아니라] 진정한 현재가 될 수 있는 것이죠. 심지어 우리는 '언제나' 생생함 안에 있습니다. 우리가 말하는 것은 언제나 투쟁의 대상이 됩니다. 우리는 무언가를 말하려고 단어를 사용하는데, 그때마다 단어 자체가 투쟁의 대상이 되며 정치적 행위자마다 다른 식으로 사용됩니다. 정치적 투쟁의 원리 가운데 하나는 공통의 단어를 위해 싸운다는 사실에서 나옵니다. 예를 들어 보죠. 공화주의자는 누구를 말할까요? 아무나 가능합니다. 사람들은 선거 기간 중에 공화주의적 질서, 공화주의적 연대 등을 입에 올립니다. 모든 사람이 중도파가 된다는 뜻이죠…… 한마디로, 우리가 알다시피, 투쟁의 대상이 된다는 사실로부터 투쟁 안에서 가치를 부여받는 단어들이 있습니다. 그래서 이런 투쟁에 관해 이야기해 보자면 제가 '장'이라고 이름 붙인 모든 소우주—사람들이 서로 다른 대상을 두고 서로 다른 게임을 벌이는 이런 작은 투기장은 과학 장일 수도 있고 정치 장일 수도 있으며, 혹은 역사학자나 사회학자의 장일 수도 있습니다—각각의 내부에는 사람들이 투쟁의 대상으로 삼는 몇 가지 핵심 단어가 있습니다.

    이 모두를 어떻게 기술해야 할까요? 분명히 우리는 하나의 무기를 갖고 있는데, 그것은 바로 따옴표입니다. 바슐라르는 자연과학에 관해 멋진 말을 남겼습니다. "과학, 그것은 따옴표들이다." 그런데 이 말은 사회과학에 훨씬 더 맞는 것 같습니다. 저는 같은 것을 말하더라도, 말하는 주체가 제가 아니라는 사실을 강조합니다. 그러니까 객관화의 거리를 취하는 것이죠. 이런 [글쓰기] 방식 탓에 제가 말한 내용이 오해를 사게 됩니다. 일례로, 제가 "피지배계급은 가수 달리다Dalida[11]를 선호한다"고 말할 때…… 말하고 보니 예시가 그다지 좋지 않군요. 다른 사례가 필요할 것 같습니다만, 아무튼 제가 그렇게 말할 때 사람들은 제가 그렇게 생각한다고 여깁니다. [사실은 그렇지 않습니다.] 사회학자는 가치판단을 사실로 기록하려고 많은 시간을 들입니다. 예를 들어 문화 영역에서는 특정한 작품들이 다른 작품들에 비해 높은 정당성을 확보하는데, 저는 이런 사실을 기록하려고 합니다. 그리고 많은 경우 제가 좋아하는 작품이 전자에 속한다는 사실을 발견하지만, 그렇다고 해서 제가 임의로 가치판단을 내리는 것은 아닙니다. 저는 단순히 이렇게 말하고 있는 겁니다. 즉 '교육시장에 달리다를 찬양하는 논술을 내놓는 학생은 빵점을 받을 것이다. 반면 바흐에 관한 시답잖은 찬사를 늘어놓는 학생은 그래도 중간 점수는 받을 것이다.' 자, 바로 여기에 사회적 사실이 있습니다. 그런데 [이런 글쓰기 방식에서] 심각한 오해가 일어납니다. 거리두기 문제가 따옴표 치기와 그리 다르지 않지만, 이런 사실은 거의 무시됩니다. 그렇기 때문에 글쓰기 자체가 정말로 끔찍한 문제가 됩니다. 사람들은 제가 일종의 교리를 강요한다고 말하는데, 그런 탓에 저도 꽤나 골치가 아픕니다……

    시간이 허락한다면 이에 관해 좀 더 언급하고 싶군요. 사회학자가 자신의 작업, 그리고 자신의 글쓰기와 맺는 관계는, 제가 아는 한 정신분열에 관해 의사들이 설명하는 내용과 정확히 일치합니다. 사회학자는 무언가를 말해야 하

---

11   [옮긴이] 샹송 가수인 달리다(1933~1987)는 30여 년간 음악 활동을 하면서 엄청난 대중적 인기를 끌었다. 그는 1988년 『르몽드』가 실시한 여론조사에서 드골 장군에 뒤이어 프랑스에 가장 큰 영향을 끼친 인물 2위에 올랐으며, 2005년에는 과거와 현재의 프랑스를 대표하는 100인 가운데 한 명으로 뽑히기도 했다.

거나 혹은 행해야 하지만, 그것을 말하거나 행하는 바로 그 순간 자신이 방금 말하거나 행한 바를 하지 않았다고 말해야 합니다. 또 3차적인 담론 수준에서는 심지어 자신이 행한다고 방금 말했던 것을 행하지 않는다고 말해야만 합니다. 언어가 불가능해지도록 만드는 겹겹의 담론이 있는 셈이죠. 저는 이런 일에 너무나 익숙합니다. 그렇기 때문에 제가 방금 말한 내용 가운데 일부가, 마르크스주의의 가장 어리석은 슬로건, 예컨대 "지배문화는 지배계급의 문화"라는 식으로 환원되고 맙니다. 정확히는 이렇게 말하고 싶군요. 저는 그 문장이 말하는 것뿐 아니라 말하지 않는 것에 맞서면서 제 작업 전체를 구상하긴 했지만, 그 문장 자체를 완전히 기각할 수는 없습니다. 거칠게 보자면 그 문장이 말하는 바는 참이라고 할 수 있지만, 그것이 너무 거친 한에서, 그러니까 너무 일반적인 한에서 또한 거짓에 가까워집니다. '이데올로기'라는 용어에 대해서도 우리는 똑같이 분석할 수 있습니다. 이데올로기 개념은 명백히 투쟁의 도구입니다. 간단히 말해 이데올로기는 남들의 과학, 남들의 사고를 뜻합니다. 그러나 이와 동시에 우리가 이데올로기가 존재한다고 말할 때, 그러니까 어떤 담론들이 발화자 자신의 [사회적] 위치를 정당화하기 위해 생산된다고 말할 때, 이런 언명은 그 자체로 과학의 중요한 성취라고 간주될 수 있습니다. 뭐, 그렇긴 하지만 제 작업의 90퍼센트 이상은 이데올로기 개념에 반대하면서 구축된 것입니다. 대신 저는 상징적 지배, 상징권력, 오인 등에 관해 말하려고 했습니다. 복잡하고 현학적으로 보이는 일군의 용어를 도입하기 했지만, 저는 특정한 효과를 얻기 위해, 그러니까 단절을 시도하는 동시에 무언가를 보존하기 위해 어쩔 수 없이 그렇게 했습니다. 이는 특히 원초적이고 전투적인 형태의 마르크스주의와 종종 관련되어 있었지요. 결국 저는 [마르크스주의를] 파괴하는 동시에 보존해야 했는데, 이는 신중에 신중을 기하는 매우 까다로운 작업이었고, [제가 사용하는] 언어만이 아니라 문장의 구성에도 이런 사정이 반영되어 있습니다. 간단히 말해, 제 담론은 "지금 읽고 있는 것에 주의하시오"라고 끝없이 말하는 메타담론을 실어 나릅니다. 그러나 저는 불행히도, 제가 기대하는 이런 식의 독해를 동시대 인물들에게 얻어 내지 못했습니다. 제가 기대한 바대로 [저의 글을] 읽는 독자도 가끔 있긴 하지만, 최소한 신문에 글을 쓰는 사람 중에는 아무도 없지요.

2장
환상과 인식

샤르티에 "필연성에 대한 인식이 진보하면 자유의 가능성 역시 진보한다." 『사회학의 문제들』에 나오는 이 문장을 가지고, 우리는 두 번째 대담을 시작하려고 합니다.[1] 지식인이 수행하는 고전적 역할과 관련해, 선생님의 작업이 제시한 또 다른 단절이 있습니다. 여기서는 이 문제를 다루려고 합니다. 이렇게 말할 수 있다면, 지식인은 정말로 오랫동안 피지배 대중에게 어떤 담론을 부과하는 역할을 자임했습니다. 그 담론은 피지배자 대중이 자신들 삶의 조건에 대해 가져야만 한다고 여겨지는 것이지요. 이런 담론은 피지배 대중이 스스로 만들 수 없는 것이며, 다른 사람들이 피지배자를 위해 정교하게 구성한 것입니다. 그러나 선생님의 관점에서는 지식인의 기획이 완전히 달라집니다. 이제는 지식인의 역할이 피지배 대중에게 지배 메커니즘을 스스로 분석할 수 있는 무기를 제공하는 일이 됩니다. 아주 오래전부

---

1 [옮긴이] 피에르 부르디외, 「문제의 사회학자」, 『사회학의 문제들』, 신미경 옮김, 동문선, 2004, 42~68쪽 참조.

터 매우 자연스럽고 정상적인 분리 체계로서 작동해 온 지배 메커니즘을 해부하는 수단 말이지요. 선생님의 이런 시각에는 사회학만이 아니라 다른 영역에서도 사유를 촉발하는 직관적인 힘이 있습니다. 아무튼 이런 기획에서 선생님은 사람들이 자기 자신에 대한 지배력을 회복해야 한다고 주장합니다. 그런데 이는 제가 보기에, 그동안 선생님의 작업을 괴롭혀 온 판에 박힌 이미지와 완전히 충돌합니다. 그런 이미지에 따르면, 선생님의 작업에서는 사람들을 구속하는 제약이 폭로되지만, 이런 제약은 오히려 개인들이 어찌할 수 없는 것으로 나타납니다. 사람들이 어떤 자유도 갖지 못하는 것이죠.

부르디외 방금 하신 말씀과 관련해, 제가 한 문장으로 답한다면 이렇게 말하고 싶군요. 우리는 결정된 채로 태어나지만, 자유로운 상태로 생을 마칠 수 있는 작은 기회를 갖고 있습니다. 또한 우리는 사유하지 않는 상태로 태어나지만, 주체가 될 수 있는 아주 작은 기회를 갖고 있습니다. 무조건 자유, 주체, 인간 등등에 호소하는 사람들이 있는데, 저는 이들이 사회적 행위자를 자유라는 환상 속에 가둔다는 점 때문에 책망하지 않을 수 없습니다. [그들의 기대와 달리] 결정 메커니즘이 작용하는 경로 가운데 하나가 바로 자유라는 환상입니다. 더욱이 모든 사회계층 가운데 자유라는 환상에 특히 경도된 집단이 있습니다. 지식인들 말입니다. 다른 이유도 많겠지만, 이런 사회학적 역설을 폭로한다는 점에서 아마도 제 작업이 지식인들의 신경에 거슬리지 않을까

합니다. 자유라는 환상의 측면에서, 예컨대 사르트르는 지식인들의 이데올로그 역할을 합니다. 사람들이 그를 두고 어떤 미덕을 발견하건 간에, 그는 카를 만하임Karl Mannheim이 말한 '자유롭게 부유하는' 지식인, 즉 자기의식의 환상, 자기 자신의 진실에 통달할 수 있다는 지식인의 환상에 몰두했습니다. 어떤 사람들은 사회학을 고집스럽게 거부하거나, 사회학에서 '철학에 대한 증오'를 발견하고 통탄을 금치 못합니다. 그러나 제가 볼 때 이런 거부는 지식인들이 자신을 구속하는 결정요인들을 알기 싫어 한다는 뜻입니다. 예를 들어 지식인들은 특정한 사고범주와 정신구조에 사로잡혀 있는데, 특히 학계를 무조건 신봉하고 거기에 애착을 가집니다. 게다가 많은 경우 이런 애착이 정치적 애착보다 훨씬 더 심각한 왜곡을 가져옵니다. 저는 학계에 속한 많은 사람이 정치적 이해관심보다는 학구적 이해관심에 훨씬 더 좌우된다고 봅니다. 달리 말하면, 우리는 자신이 접하는 사유대상을 제 것으로 만들고 나아가 사유수단을 제 것으로 만들 때 자기 사유의 주체가 될 수 있지만, 그나마 아주 미미한 정도로만 그렇게 될 수 있습니다. 우리는 자기 사유의 주체로 태어난 것이 아니라, 무엇보다도 결정요인들을 스스로 인식하는 한에서 자기 사유의 주체가 되는 것이죠. 제가 보기에 [사회학 말고도] 정신분석 등의 다른 수단들 또한 이 같은 인식에 기여할 수 있습니다. 저는 이 문제와 관련해 사람들이 보통 저를 해석하는 것과는 정확히 반대되는 일을 하고 있다고 생각합니다.

샤르티에 그렇습니다. 그런데 우리는 일종의 끔찍한 역설에 도달하는 게 아닐까요? 그러니까 선생님의 글을 읽을 수 없는 사람들을 위해 선생님은 글을 쓰는데, 오히려 선생님을 이해하려고 하지 않는 사람들이 그 글을 읽는 것이죠.

부르디외 맞습니다. 그들은 저를 이해할 수 없는데, 단순히 저를 이해하고 싶지 않아서입니다. 저는 조금 전에 미셸 드기Michel Deguy의 텍스트, 「철학에 대한 증오」La haine de la philosophie[2]를 떠올렸지요. 그 글에는 뭔가 병리적인 요소가 들어 있습니다. 그 텍스트는 [넓은 의미의] 문화가 어떤 고통을 자아낼 수 있는지, 그리고 사회분석socio-analyse이 어떤 고통을 불러올 수 있는지 아주 분명히 보여 주는 훌륭한 자료입니다. 모든 교양인을 사로잡고 있는 문화에 대해 교양인 스스로 맺고 있는 관계의 분석으로서 사회분석 말입니다. 저는 드기가 느끼는 모든 고통을 잘 알고 있습니다. 만일 사람들이 『구별짓기』를 몇 가지 단순한 엉터리 명제로 환원하지 않고 끝까지 읽게 된다면, 제가 「후기」 부분에서 논한 내용을 발견할 수 있겠지요. 거기서 저는 프루스트를 참조하면서 문화와 교양인의 관계가 특수한 쾌락을 자아내는 한편, 문화의 주술을 푸는 작업désenchantement은 특수한 고

---

2   Michel Deguy, *Choses de la poésie et affaire culturelle*, Hachette, 1986. [옮긴이] 「철학에 대한 증오」는 시인이자 평론가인 드기가 1980년 『구별짓기』에 관해 발표한 비평문의 제목이다. 이 글에서 드기는 철학적 탁월성distinctions을 사회적 차원에서 개인이 스스로를 구별 지으려는 의지로 온전히 환원할 수는 없다고 하면서 부르디외를 비판했다.

통을 불러온다고 지적했습니다. 프루스트는 사회학자 자격이 넘치고도 남습니다. 그는 저보다 훨씬 이전에 자신만의 언어로, 그러니까 아무도 알아듣지 못한 언어로 제가 『구별짓기』라는 책에서 말하는 바를 이미 말했습니다.[3]

샤르티에 선생님의 작업이 몇 가지 슬로건으로 환원되고 결국에는 기각되는 모종의 메커니즘이 있는 것 같군요. 그런데 1979년 『구별짓기』가 출간된 뒤부터 이런 메커니즘이 자리를 잡게 됩니다. 그 이유는 무엇일까요? 그 전에도 선생님이 발표한 연구들, 예를 들어 교육체계에 관한 저작들이 있었고, 그때도 지지와 비판이 쏟아지기는 했지만 동일한 반감을 불러일으키지는 않았습니다. 우리는 격렬한 비난 없이도 그 작업들의 근본 개념, 이를테면 '재생산' 같은 개념을 토론에 부칠 수 있었고, 선생님이 제기한 주장에 반박을 가하기도 했습니다. 그리고 역으로 이런 작업들이 교육의 역사사회학을 구축하는 계기가 되었죠. 그 작업들이 제시한 [개념] 도구와 방법은 역사학자들이 오늘날과 완전히 다른 형태로 구축된 교육체계를 놓고서, 과거의 지형 위에서 검증해 보아야 하는 대상이 되었습니다. 그런데 이와 달리 『구별짓기』는 격렬한 논쟁의 대상이 되었습니다. 어째서 그

---

3   [옮긴이] 이와 관련해 우리는 부르디외 문제의식의 연장선상에서 프루스트의 소설 『잃어버린 시간을 찾아서』를 19세기 말 귀족과 신흥부르주아지 사이에 문화를 둘러싸고 벌어진 상징투쟁으로 읽어 낸 다음의 책을 참고할 수 있다. Catherine Bidou-Zachariasen, *Proust sociologue*, Descartes & Cie, 1997.

럴까요? 심지어 '논쟁'이란 표현조차 적절하지 않은데, 그것은 사실 토론이 아니라 낙인찍기에 불과했기 때문입니다.

부르디외 우리 사회에서 문화는 신성한 것이 깃든 장소 가운데 하나입니다. 문화는 일종의 종교입니다. 이 종교는 어떤 사회계층에게는―그중에 지식인도 있지요―가장 심층적인 신념과 헌신의 장소가 되었죠. 예를 들어 문화적 실수나 결례를 범했을 때 수치심이 생기는데, 이는 [기독교의] 원죄와 등가물이 됩니다. 저는 [문화와] 종교의 비교를 좀 더 확장할 수 있다고 봅니다. 전 종교사회학에 발을 들이기도 했고, 언젠가 주교들에 관한 논문을 쓴 적도 있습니다.[4] 사회학자가 이런 연구를 해도 오늘날 아무도 놀라지 않습니다. 심지어 주교 자리에 있어도 충격을 받지 않습니다. 이를테면, 제 학생들 중에는 뛰어난 주교들이 있습니다. 그들은 제가 했듯이 주교들에 관해 무언가를 쓸 수 있을 테고, 또 그렇게 해야만 하겠지요. 그러나 이와 달리 문화사회학은 엄청난 저항에 부딪히고 있습니다. 종교를 대상으로 이루어진 객관화 작업을 떠올려 봅시다. 오늘날 모든 사람이 알고 있듯이, 우리가 가족 안에서 배우고 갖게 되는 종교와 스스로 헌신하는 종교 사이에는 일정한 상관관계가 있습니다. 이런 사실은 누구도 반박하지 않습니다. 종교적 신념

---

4 [옮긴이] Pierre Bourdieu & Monique de Saint-Martin, "La sainte famille. L'épiscopat français dans le champ du pouvoir", *Actes de la recherche en sciences sociales*, n.44/45, 1982, pp.2~53.

이 아버지에게서 아들로 전승된다는 것, 그리고 이런 전승이 사라질 때 종교 역시 사라진다는 것을 아무도 부정할 수 없습니다. 이것은 우리 모두가 동의하는 사실입니다. 그런데 문화에 관해 우리가 똑같은 사실을 말하면, 이는 교양인에게서 무언가를 빼앗는 일이 됩니다. 교양 있는 사람은 문화의 주술적 토대 가운데 하나, 그러니까 선천성의 환상, 카리스마의 환상을 잃게 됩니다. '나는 문화를 혼자 힘으로 갖췄다. 나는 교양을 타고났다. 이는 일종의 기적 같은 일이다' 같은 환상 말입니다. 이 모든 사정 탓에 격렬한 저항이 일어납니다. 매우 놀라운 일이지요.

끝으로, 저는 사회학이 다른 수단에 의해 철학을 연장하는 하나의 방식이라고 굳게 믿습니다. 만일 사회학이 명예로운 계보 안에 자리를 가질 수 있다면, 저는 최초의 사회학자 자리에 소크라테스를 놓고 싶습니다. 철학자들은 크게 화를 내겠죠. 소크라테스를 철학의 아버지라고 주장하니까요. 그런데 실제로 소크라테스는 거리로 내려가 질문을 던지곤 했습니다. 예를 들면 아테네 장군[5]에게 용기가 무엇인지 물었고, 독실한 인물인 에우튀프론[6]을 대상으로 신앙심

---

5 [옮긴이] 플라톤의 대화편 『라케스』*Laches*에 등장하는, 니키아스와 라케스를 말한다. 이 대화편에서 플라톤은 소크라테스의 입을 빌려 용기와 인간의 덕, 자기 영혼의 배려를 다룬다. 플라톤, 『라케스』, 한경자 옮김, 이제이북스, 2014.
6 [옮긴이] 플라톤의 초기 대화편 『에우튀프론』*Euthyphron*에 등장하는 인물이다. 이 대화편에서 소크라테스는 자신이 경건함에 대해서 알고 있다는 에우튀프론과 대화를 나눈다. 플라톤, 『에우튀프론』, 강성훈 옮김, 이제이북스, 2018.

이 무엇인지 물었습니다. 소크라테스는 분명히 그런 사람입니다. 그는 일종의 앙케이트, 즉 조사연구를 한 셈이죠. 선생님은 조금 전에 [지배적] 표상에 맞서는 투쟁을 언급했는데요. 다시 그 이야기로 돌아가면, 소크라테스는 소피스트와 오랫동안 싸운 사람이죠. 소피스트는 오늘날 저와 맞서는 사람들, 정확히는 맞수가 아니라 적인데요, 아무튼 제가 학문적으로 맞서는 자들과 어김없이 일치합니다. 소피스트는 비실재적인 것이 실재한다고 말하고, 실제로 교묘한 말로 그렇게 믿게 만듭니다. 인상적인 말들의 구름을 가지고 실재적인 것을 모호하게 만드는 재주가 있지요.

제가 [사회학의] 이런 [계보적] 권위를 주장한다면, 이는 단순히 고결한 선조를 전유하려는 전략적 의도로 하는 행동은 아닙니다. 예를 들어, 제가 '독소조프'doxosophe[7]라고 불렀던 자들이 있는데요. 그들을 겨냥해 저는 몇 가지 작업을 했습니다. 독소조프라는 이름은 제가 플라톤에게서 빌려 온 말인데, 정말 멋진 단어입니다. 독사doxa는 의견, 믿음을 뜻하는 한편 표상, 외관, 허상 등을 뜻하기도 합니다. 그리

---

7 [옮긴이] 프랑스어로 '철학자'는 '필로조프'philosophe이며, '독소조프'는 이와 대비해 쓰인 용어다. 플라톤은 주관적이고 상대적인 의견인 독사doxa와 이론적 근거에 이른 지식인 에피스테메epistēmē를 구분한 바 있다. 이러한 어원을 바탕으로 풀이하자면, '독소조프'는 '통념(혹은 억견)의 전문가' 정도로 옮길 수 있을 것이다. 부르디외는 사회세계(특히 정치세계)에 대한 통속적이고 무비판적인 여론 만들기에 관여하는 언론인, 에세이스트, 정치평론가, 여론조사 관계자 등을 독소조프라고 부른다. Pierre Bourdieu, "Les doxosophes", *Minuit*, n.1, 1972, pp.26~45 참조.

2장 · 환상과 인식 55

고 소포스sophos는 인식하는 사람을 뜻합니다. 따라서 독소 조프는 외양에 관한 식자인 동시에, 외양상의 식자에 그칩니다. 예를 들어, 제가 보기에 여론조사에 종사하는 사람들이 오늘날 소피스트와 가장 비슷한 일을 합니다. 그들은 사회세계에 관한 허상을 생산합니다. 알다시피 거짓에 불과한 허상이지요. 그러나 사회세계에 관한 어떤 진실을 은폐한다는 점에서 이런 허상에는 엄청난 힘이 있습니다. 게다가 여론조사 전문가는 이런 허상을 생산하는 대가로 돈을 받습니다. 소크라테스는 돈을 받지 않았지만, 소피스트는 돈을 받았지요. 여론조사 전문가는 돈 말고도 명예, 이득, 즉 물질적이거나 상징적인 이득 따위를 추구합니다.

이제 사실상 진짜 답변에 다다랐네요. 사회학자의 문제는 그가 아무도 알고 싶어 하지 않는 것들을 말하려 애쓴다는 점입니다. 특히 사회학자의 글을 읽을 수 있는 사람들[즉 시간적 여유와 문화자본이 있는 이들]은 알려 하지 않는 것들 말입니다. 그런데 이런 활동이 저를 때때로 괴롭게 합니다. 사회학자로서 제 존재의 정당성에 관해 자문하고 과학적 작업의 기능에 관해 고민에 빠지는 것이죠. 이를테면, '사회세계에 관해 [진실을] 말하는 것이 정말로 좋은 일인가? 비밀이 없는 사회세계는 정말로 살 만한 곳인가?' 저는 그렇다고 생각합니다. 만일 문화가 무엇인지, 종교가 무엇인지, 노동이 무엇인지 등에 관해 우리가 좀 더 정확한 인식을 가질 수 있다면, 그래서 [인식의] 투명성을 확보할 수 있다면, 수많은 종류의 고통과 비참이 언제나 마르크스주의의 거대한 탄식 아래서 잊히는 대신에, 급격히 개선되고 사라지거나 적어도 줄어들 수 있습니다.

샤르티에 하지만 이는 일종의 유토피아주의에 가깝지 않은가요? 유토피아주의, 이 단어는 선생님의 펜 끝에서 가끔씩 등장하는 것 같습니다. 요컨대, 사회학적 인식의 도구들이 전파될 때, 사람들이 [사회적] 결정요인들을 인식하게 되고 마침내는 자유의 작은 공간을 확보한다는 것이죠. 그런데 이것을 어떻게 확신할 수 있을까요? 거기에는 포퓰리즘의 위험 또한 있지 않을까요? 피지배 대중에게 현실 그 자체의 형성 메커니즘을 탐구, 분해, 해체하는 합리적 분석 도구들을 가져다주기 위해서는 모든 자명한 지식이나 전승된 문화와 단절해야 한다는 점을 고려한다면 말이죠.

부르디외 네, 거기에는 두 가지 문제가 있습니다. 하나는 포퓰리즘이지요. 다른 하나로 급진주의를 쇄신하는 문제가 있습니다. 이 두 가지가 반드시 같이 갈 필요는 없습니다. 포퓰리즘에 관해서 저는 조금도 모호한 구석을 남기지 않았다고 보는데요, 저는 다시 소크라테스적 비유를 들고자 합니다. 소크라테스는 질문을 던지지만, 그 답변에 대해 액면가 그대로 믿지는 않습니다. 솔직하게 말하는 사람이 반드시 진실을 말하는 것은 아니며, 사회학자는 이런 사실을 아주 잘 알고 있지요. 사회학자의 모든 작업은 행동의 관찰, 담론, 문서 자료 등에 기초해서 진실의 도출에 필요한 조건을 구축하는 데 있습니다. 물론 언제나 어리석은 사람들이 있긴 합니다. 그들은 민중le peuple이 다른 사회집단에 비해 훨씬 더 참된 말을 한다고 믿지요. 사실 민중은 각별한 피지배 상황에 처해 있는데, 특히 상징적 지배의 메커니즘에 의해 지배받고 있습니다. 예컨대 우리는 광부들의 입에 마이크를 들이대고는 그들의 진실을 수집한다고 생각합니다. 이런 식의 발상이 좌파가 권력을 잡은 시기에 한창 유행했지요.[8] 그런데 우리가 실제로 수집한 것은 앞선 30년 동안 노동조합이 유포한 담론들에 불과합니다. 한편 농부들을 상대로 똑같은 일을 한다면, 우리는 약간의 변형이 있긴 해도 초등학교 교사들의 담론을 수집하게 됩니다.[9] 따라서 우리가 사회세계 안에서 지식인의 것이건 프롤레타리아의 것이건 혹은 다른 누군가의 것이건 간에 일종의 본원적인 [진실의] 장소를 찾을 수 있다고 여긴다면, 이 같은 발상 속에는 일종의 신비주의적 사고가 들어 있다고 할 수 있습니다. 지식인들은 이런 사고를 통해서, 그리고 극적인 자기 신비

---

[8] [옮긴이] 프랑스에서는 1981년 사회당의 프랑수아 미테랑이 대통령에 당선되면서 좌파 정권이 시작되었다. 미테랑은 이 대담이 이루어진 1988년에 재선에 성공하여 1995년까지 14년 동안 집권했다. 그는 재임기간 중 사회당의 경제정책 실패로 총선에서 부진을 거듭했고, 두 차례의 좌우파 동거정부를 구성하기도 했다.

[9] [옮긴이] 부르디외의 시각에서 민중은 경제자본은 물론 문화자본 역시 상대적으로 적게 소유한 사회계층이다. 이는 이 계층이 자기만의 고유한 관점과 언어, 사유체계를 갖기 어려우며, 지배계급의 상징폭력에 취약하다는 점을 시사한다. 민중의 말과 생각은 지배계급, 특히 교사와 지식인들이 공식적·비공식적 교육제도를 비롯한 교회, 저널리즘, 대중문화 등 다양한 경로를 통해 부과하고 주입하는 상징들을 거쳐 형성된다. 광부들의 말은 결국 그들이 속한 노조 담론의 판박이이며, 농부들의 말은 결국 그들을 가르친 교사 담론의 되풀이라는 부르디외의 다소 극단적인 주장은 이러한 맥락에서 나온 것이다.

화를 거쳐서 스스로에게 사기를 불어넣습니다. 사회학자는 남들의 말을 듣고 남들에게 질문하고 남들이 말을 하게 하지만, 모든 담론을 비판 아래 둔다는 점에서 자신을 위한 또 다른 수단을 갖습니다. 이런 사실은 [사회학이라는] 전문직 안에서 당연한 일로 통하지만, 외부에서는 잘 모르고 있는 것 같습니다.

두 번째 문제는 통념을 파괴하는 과학과 관련됩니다. 바로 여기서 사회학은 플로베르 같은 사람의 글쓰기와 매우 가까워집니다. 이런 비유가 과도해 보일 수도 있습니다. 그러나 제가 문제 삼는 것은 부르디외가 말하면 사람들이 싫어하는데 플로베르가 말하면 사람들이 받아들인다는 겁니다. 제가 보기에 우리는 똑같은 주장을 하는데, 사람들은 이런 사실을 깨닫지 못합니다…… [이를테면 사람들은 이렇게 질문을 제기합니다.] "통념을 파괴하는 과학이, 자기 자신[의 통념]을 똑같이 파괴할 수 있나요? 사회학은 모든 것을 객관화합니다. 그런데 사회학은 자기 자신을 객관화할 수 있나요? 만일 사회학이 자기 자신을 객관화한다면, 이는 결국 자기 자신의 토대를 파괴하는 일이 아닌가요?" 이는 사회과학이 출현한 이후로 계속 있어 온, 정말로 오래된 질문입니다. 저는 사람들이 대입준비반도 아닌 다른 곳에서, 그것도 학문적 논쟁을 벌이는 곳에서 이런 식의 주장을 한다는 사실이 너무나 놀랍습니다. 그렇기는 하지만 어쨌든 질문에 답은 해야겠지요. 역사학자가 역사 속에 있는데도 역사학이라는 과학이 존재할 수 있을까요? 사회학자가 사회 속에 있는데도 사회학이라는 과학이 존재할 수 있을까요? 저는 이에 대한 답변이 가능하다고 봅니다. 단지 시간이 조금 걸릴 뿐이죠. 여기서는 몇 문장으로 간단히 논증하려고 합니다. 제가 보기에 사회학 담론은 과학 장 안에서 발생하는데, 이 장은 그 자체로 투쟁과 경쟁 등이 존재하는 공간, 즉 사회공간입니다. 그리고 자연과학과 마찬가지로, 지식의 확장을 가져오는 어떤 진보가 거기서 일어납니다. 사회학 장에서 학자들은 앞다투어 사회세계에 대한 [올바른] 인식을 전유하려 애쓰고, 이런 투쟁을 통해서 더 많은 지식이 생산됩니다. 그런데 이 투쟁에는 규칙을 따르는 대화dialogues réglés라는 최소한의 규칙이 부과됩니다. 달리 말해 모든 공격이 허용되지는 않습니다. 예를 들어 정치적 주장이 과학적 주장을 압도할 수 없습니다. 우리는 [수학적] 공리가 우파적이라고 말하면서 압살할 수는 없습니다. 그런데 문제는 우리가 우파적이란 이유로 사회학 이론이나 역사학 이론을 죽일 수는 있다는 점이죠. 사실 상대적 자율성을 갖는 과학 장이란 검증을 통해 판단할 수 있는 잠정적 진실들이 생산 가능한 공간이며, 바로 금방 말한 식의 공격으로부터 안전한 공간이지요. 불행하게도 사회과학은 그렇지 않습니다. 사회학자는 유치한 주장들이 난입해도 자신의 세계를 지켜 내기가 그다지 쉽지 않습니다.

샤르티에 혹시 제 질문이 대입준비반 논술 시험에나 나올 법한 그런 질문은 아니었겠지요……

부르디외 전혀요. 선생님을 염두에 두고 한 말이 아닙니다.

그럴 리가 없지요!(웃음)

샤르티에 선생님은 영국의 사회학자 리처드 호가트Richard Hoggart를 프랑스에 소개한 학자 중 한 명이기도 합니다. 호가트는 1950년대에 『교양의 효용』The Uses of Literacy[10]이라는 멋진 책을 출간했습니다. 그는 대중문화(신문, 텔레비전, 라디오)가 전파하는 온갖 지배 담론에 대해, 그 메시지의 수용자들이 완전히 지배받거나 무력화되지 않는다고 주장합니다. 오히려 수용자들은 언제나 (프랑스판 번역에 따르자면) "삐딱한 시선", 또는 "간헐적 지지"를 드러냅니다. 선생님에 따르면, 사회학자의 비판적 담론은 가장 많이 억압받고 박탈당한 사람들이 자신의 상황을 스스로 극복할 수 있도록 그들에게 무기, 즉 [비판적] 도구를 제공할 텐데요. 그런데 그들 입장에서 사회학자의 도구 역시 외부에서 강제된 것으로 비칠 수 있지 않을까요? 그래서 [대중문화와] 마찬가지로 수용자들의 삐딱한 시선에 노출되거나 간헐적 지지만을 받는 데 그칠 위험이 있지 않을까요? 이 점에 대해서는 어떻게 보시나요? 간단히 말해서 피지배 대중에게는 지배 조건에 대한 비판이 그 자체로 지배의 일부분이라고 받

---

10 [옮긴이] 1957년 영국에서 출간된 이 책은 프랑스에서는 1970년에 번역되었다. 프랑스어본은 『재생산』의 공저자인 장-클로드 파스롱Jean-Claude Passeron이 번역과 해제를 맡았고, 부르디외가 기획한 총서 '공통감각'의 한 권으로 『빈자의 문화』La Culture du pauvre라는 제목 아래 출판되었다. 우리말 번역본으로는 다음의 책을 참고할 수 있다. 『교양의 효용: 노동자계급의 삶과 문화에 관한 연구』, 이규탁 옮김, 오월의 봄, 2016.

아들여질 위험이 있지 않을까요? 사회세계는 [민중의] 자생적인 지식이 존재하는 곳이고, 이런 지식은 알다시피 의심과 방어적 태도로 구성됩니다. 그렇다면 이런 지식이 어떻게 비판적 성찰을 흡수하고 이론적 도구를 전유할 수 있을까요? 또 그럼으로써 사회적 결정요인들에 거리를 두는 일은 어떻게 가능해질까요?

부르디외 사실 거기에도 두 가지 질문이 있는 것으로 보입니다. 적어도 제가 생각하는 사회학은 상징적 공격, 또는 상징적 조작에 저항하는 자기 방어의 도구를 제공합니다. 이런 도구는 무엇보다도 전문가들이 생산하는 담론에 저항합니다. 제가 여러 번 말했듯이, 사회학자가 상징생산에 종사하는 사람, 예를 들어 언론인, 주교, 교수, 철학자를 믿지 않는다는 점은 분명합니다. 상징생산의 종사자들은 사회세계가 이렇다고 그럴싸한 담론을 제공하면서 말로 먹고 삽니다. 사회학자는 이런 담론의 외양을 애써 조심합니다. 우리 사회학자가 하는 일 가운데 많은 것은 실상 사회세계에 관한 일상적 담론, 헛똑똑이들의 수사학을 경계하는 것입니다. 사회학자는 상징적 호신술의 교사입니다. 문제는 사회학자가 생산하는 이런 자기 방어의 도구들이 도용되고 심지어는 악용된다는 사실에 있습니다. 이를테면 사회학이 광고의 일부, 마케팅의 일부가 되는 것이죠……

예를 들면, 우리는 투표일 저녁 텔레비전에 나오는 선거방송에 대해 가차 없이 비판을 가할 수 있습니다. 이런 비판은 범죄적 파괴 행위로 비칠 수 있는데, 그래서 출판이 쉽지는 않겠죠.[11] 아무튼 선거방송에서 우리는 언론인과 정치학 교수를 보게 됩니다. 한쪽에서는 언론인이 정치가를 논평하고, 반대쪽에서는 정치학 교수가 언론인을 반박합니다. 그런데 이들 각자는 논쟁에서 이기기 위해 투쟁하는 것이 아니라, 먼저 말한 사람에 대해 메타-담론의 지위를 얻기 위해서 투쟁하게 됩니다. 저는 여기서 매우 재미있는 비유를 들고자 합니다. 켈로그Kellogg의 유명한 실험이 바로 그것인데, 그는 원숭이를 연구했죠.[12] 어느 날, 켈로그는 원숭이 손이 도저히 닿지 않는 높이로 먹이를 매달았습니다. 원숭이들은 처음에 뛰어올라 바나나를 낚아채려 했는데요. 곧바로 원숭이들의 왕, 가장 꾀바른 놈이죠, 그 왕이 자기 여자 친구 중에 하나인 작은 원숭이를 잡아서 자기 아래에 놓더니 그 위에 올라가 바나나를 잡았습니다. 모든 원숭이가 따라 하기 시작했죠. 그런데 앞발을 허공에 둔 채 서로를 올라타려고 했지만, 아무도 아래에 놓이기를 원하지 않았습니다. 모든 원숭이가 이렇게 생각한 겁니다. '다른 원숭이가 위로 올라가면 안 돼.' 그래서 아무도 협조하지 않은 거죠. 텔레비전에 나오는 수많은 토론에서, 예컨대 선거해설 방송에서 비슷한 현상이 나타납니다. 거기서 사람들은 앞발을 쳐들고 위로 올라가려고 합니다. 하지만 그들은 도대

---

11   [옮긴이] 이에 관한 좀 더 상세한 분석으로는 다음의 내용을 참고할 수 있다. 피에르 부르디외·로익 바캉, 『성찰적 사회학으로의 초대』, 이상길 옮김, 그린비, 2015, 3부 5장.
12   W. N. Kellogg & L. A. Kellogg, *Le Singe et l'Enfant*, Stock, 1936[*The Ape and the Child*, McGraw Hill, 1933].

체 무엇을 얻기 위해서 그렇게 하는 걸까요? 그들은 '메타' 자리에 서려고 합니다. '메타'란 이렇게 말하는 겁니다. "네가 하는 말이 무슨 뜻인지 모르지? 내가 말해 줄게." 구태여 누군지 얘기하지 않더라도 모든 사람이 알 만한 어떤 역사학자는 다음과 같이 말한 적이 있습니다.[13] "그렇습니다. 만약 우리가 이러저러한 연도의 통계를 비교해 본다면, 겉보기에 승리처럼 여겨지는 결과가 사실은 승리가 아니라 얼마간은 패배로 보일 수 있습니다." 그리고 나서 다음 사람이 그 사람 위로 올라갑니다. 이런 메커니즘은 마땅히 폭로되어야 합니다. 그런데 누가 이 같은 사실의 전파에 이해관심을 가질까요? 럭비의 비유를 쓰자면, 그 사실은 윙에 도달하기 전에 차단당하고 맙니다. 게다가 선생님이 조금 전에 지적했듯이, 이런 사실의 인식에 자신의 이해관계가 걸린 사람들[즉 상징폭력에 시달리는 자들]이 오히려 거기서 가장 멀리 있게 됩니다. 그런 메커니즘을 알게 될 기회가 거의 없기 때문이죠.

그렇긴 하지만 그들은 [상징폭력에 저항하는] 자생적 방어체계도 갖고 있습니다. 이런 체계를 과소평가하는 경우가 있는데, 그렇게 해서는 안 됩니다. 그들은 수동적인 저항 수단을 갖습니다. 이를테면 [상징폭력을 가하는] 방송이 나올 때 샌드위치를 만들러 가는 등, 딴짓을 하는 식으로요. 뿐

---

13 이는 르네 레몽René Rémond을 가리킨다. [옮긴이] 정치사 전공자인 르네 레몽(1918~2007)은 오랫동안 프랑스 신문, 방송 등을 통해 다양한 정치 현안, 특히 선거 결과에 대한 논평자로 이름을 떨쳤다.

만 아니라 그들은 능동적인 저항 수단도 가집니다. 제가 즐겨 인용하는 사례가 하나 있습니다. 드골이 제창한 '참여'와 관련해서 르노 자동차의 어떤 노동자가 이런 말을 남겼습니다. "참여라고요? 그건 '당신의 시계를 빌려 달라, 그러면 내가 시간을 알려 주겠다'란 뜻이죠. 심지어 그건 '당신의 시계를 내게 달라, 그러면 내가 시간을 알려 주겠다'와 같은 말입니다." (웃음) 이는 물론 정치적 분석이 아닙니다. 이런 우의적이고 비유적인 표현에서 뭔가를 따져 보려면, 많은 시간을 들여서 분석해야 합니다. 아무튼 그 표현에는 몇 가지 방어수단이 있습니다. 만일 진전된 과학이 방어수단을 생산하고, 이런 수단들이 자생적인 방어수단과 만날 수 있다면…… 비유컨대 럭비 선수들이 비디오로 녹화된 경기를 보면서 이를 활용할 수 있다면, 정치적 삶에서 커다란 변화가 일어날 확률이 높아질 겁니다. 우리는 소피스트들의 삶을 끝장낼 수 있습니다. 그러나 이는 하루아침에 가능한 일이 아닙니다. 왜냐하면 지금은 소피스트들이 방송을 장악하고 있으니까요.

샤르티에 그래서 선생님은 콜루슈Coluche가 대통령 선거에 나왔을 때 지지 의사를 밝히셨군요.[14]

---

14   1980년 10월 30일 코미디언 콜루슈는 다음 해 5월로 예정된 대통령 선거에 입후보한다고 선언한다. "나는 게으름뱅이, 더러운 사람, 마약중독자, 알코올중독자, 호모, 여자, 기생충 같은 사람, 젊은이, 늙은이, 예술가, 죄수, 레즈비언, 견습생, 흑인, 보행자, 아랍인, 프랑스인, 장발족, 미친 사람, 여장남자, 왕년의 공산주의자, 확신에 찬 투표 포기자, 즉

부르디외 전혀 관련이 없는 건 아닙니다. 저는 콜루슈의 출마가 완전히 진지한 출마였다고 봅니다. 그는 푸자드주의적 요소[15]에 거리를 두면서, 조롱과 같은 방식으로 [선거의 대표성을] 문제화했습니다…… 이는 매우 놀라운 일이지요. 우리는 거기서 방어의 사례를 찾을 수 있습니다…… 물론 『르몽드』에서는 아주 현학적인 기사들을 통해 푸자드주의가 부활했다고 평했습니다. 『르몽드』는 정말로 현학적인 신문이지요. 하지만 제게는 이런 주장을 반박할 수 있는

> 정치인들이 관심 갖지 않는 모든 사람이 나에게 투표하기를, 시청에 가서 투표권 등록을 하고 이 소식을 전해 주기를 호소합니다. 정치인들을 엿 먹일 수 있도록 모두 콜루슈와 함께합시다. 당신에게 거짓말할 이유가 없는 유일한 후보!" 여론조사에 따르면 유권자의 10%에서 16%가량이 그에게 투표할 의향이 있는 것으로 나타났다. 그러나 사방에서 비난이 쇄도했다. 1981년 4월 16일 마침내 그는 사퇴를 선언한다. 1999년에 피에르 부르디외는 다음과 같은 말로 이 사건을 논평한다. "사람들이 어떤 평범한 시민에게 정치적으로 무책임하다고 말할 때, 그 시민은 정치 활동의 적법한 자격이 없다고 비난받는 셈이다. 그런데 이런 무책임한 자들—나도 그중 한 명이다—의 미덕 가운데 하나는 정치 질서의 암묵적 전제, 달리 말해 평범한 사람들이 배제된다는 사실 자체를 폭로한다는 데 있다. 콜루슈의 출마는 이러한 무책임한 행동들 가운데 하나였다. [……] 이 급진적인 야만성을 규탄하기 위해서 미디어-정치장 전체가 내부의 온갖 차이를 넘어서 하나로 뭉쳤다. 정치인만 정치를 논할 수 있다는 근본 전제를 의심했다는 야만성 말이다." "Le champ politique", in *Propos sur le champ politique*, Presses universitaires de Lyon, 2000; extrait in Pierre Bourdieu, *Interventions 1961~2001. Science sociale et action politique*, Agone, 2001, p.163.
>
> 15 [옮긴이] 푸자드주의는 1950년대 프랑스에서 서적문구상 피에르 푸자드Pierre Poujade가 이끌었던 반의회주의적 극우운동을 가리킨다. 중소 상공업자와 자영업자의 정치적 불만을 배경으로 일어난 이 운동은 기성 정치인과 언론인들을 비난하고 낮은 세금과 협동조합주의를 옹호하는 한편, 민족주의적이고 반유대주의적인 성격을 띠었다.

통계 자료가 있습니다. 푸자드주의의 통상적인 기반과 달리, 콜루슈는 정반대의 사회적 토대를 가집니다. 그는 지식인들의 지지를 얻었고 학력에 비해 [사회적·직업적] 지위가 낮은 청년층에서 높은 지지를 얻었죠. 간단히 말해 좌파의 전통적 텃밭에서 강세를 보였죠. 콜루슈는 비판적 해프닝을 실천에 옮겼고, 그래서 흥미를 더합니다. 저는 위계화된 문화 공간 내에서, 콜루슈와 대척점에 위치한 매우 고상한 이미지를 하나 이용하고자 합니다. 바로 카를 크라우스Karl Kraus 말입니다. 프랑스에서는 아무도 그를 읽지 않지만, 크라우스가 대단하다고 말해야 한다는 사실만은 모든 사람이 알고 있지요. 그래서 저는 이런 정당성 효과에 묻어 가려고 합니다. (웃음) 카를 크라우스는 전문 지식인의 삶을 살았지만, 근본적으로 사르트르가 했던 바와 정반대 일을 하면서 그렇게 했습니다. 그는 평생 동안 해프닝을 하고 살았죠. 크라우스는 굉장한 일을 했는데, 만일 제게 시간이 있었다면 저도 그렇게 했을 겁니다. 그는 지식인들을 움직이는 사회적 품위의 감정, 즉 대의명분에 기초한 가짜 탄원서를 작성했습니다. 지금이라면, 이는 예컨대 동성애 옹호, 에이즈AIDS 반대 등이 되겠지요. 크라우스는 당대에 가장 유명한 인물들의 서명을 가짜로 적어서 만든 탄원서를 공표했는데, 당사자들 가운데 누구도 감히 그게 가짜라고 반박하지 못했죠. 이후에 그는 모든 것이 자신의 조작이며 서명은 거짓이라고 폭로했습니다. 크라우스는 콜루슈적인 방법으로 연극적 해프닝을 하면서 평생을 보냈습니다. 그는 엉망진창인 공연을 통해서 이 소피스트들의 세계 전체에 의문을 제기했습니다. 이 모든 작업은 일종의 실천적 방어를 전파할 수 있는 방법을 보여 줍니다.

샤르티에 그렇군요. 하지만 사람들은 다시 한 번 말할 겁니다. 선생님이 제 발등을 찍을 도끼를 찾고 있다고요……

부르디외 그건 확실히 제 기질, 그러니까 사람들이 '기질'이라고 말하고 제가 '하비투스'라고 말하는 그것 때문이죠. 저는 질문을 확장하려고 사태를 어느 정도 과장했습니다. 하지만 제가 염두에 두고 있는 것은 합리적 유토피아를 위한 자리가 있다는 점이고, 우리에게는 가능한 한계들 안에서 약간의 유토피아를 가질 권리가 있다는 것입니다. 그리고 사회학은 사회세계를 변화시키는 좋은 도구가 될 수 있습니다. 그 좋은 활용법 가운데 하나는 우리가 무엇을 할 수 있는지 그 경계를 규정하고, 아주 작은 승산을 갖고서 그 한계들 너머로 가능한 한 멀리 나아가는 데 있을 것입니다.

샤르티에 그 한계들 가운데 하나는 선생님이 어디선가 인용한 전도서의 한 구절 속에 있지 않을까요? "학식이 늘수록 고통이 쌓인다." 달리 말해, 지배의 모든 메커니즘을 규명할수록 결국 우리는 이런 지배가 변화될 수 있다는 순진한 발상과 구원의 희망을 함께 포기하게 됩니다. 그러니까 사회세계를 전복하고 새로운 토대 위에서 재건한다는 일종의 메시아주의를 포기하게 되는 것이죠. 그 순간부터 우리의 작업은 위대한 정치적 기획보다는 절망과 고통의 원천이 되는 것 같습니다. 한편 우리는 적어도 2차 세계대전 이후로 전통적인 지식인 형상과 결별한 상태입니다. 그 덕분에 온갖 불만이 쌓인다면 일종의 누적적인 운동 속에서 거대한 단절이 발생할 것이라는 [메시아적] 환상을 잃어버렸지요. 더 이상 아무도 그런 환상을 믿지 않습니다. 그런데 바로 그 순간부터, 메시아적 희망과 분리된 채 이루어지는 [지배 메커니즘의] 폭로는 고통의 끝없는 증가를 낳는 게 아닐까요? 바로 이 지점에 비판적 도구의 전유에 대한 근본적인 장애 요인이 있는 것은 아닐까요? 선생님이 언급한 문제들보다 훨씬 더 심각한 장애 요인 말입니다.

부르디외 제가 보기에 메시아적 희망은 변혁의 가장 큰 장애물 가운데 하나입니다. 우리는 이런 메시아적 환상을 합리적 희망들로 대체해야 합니다. 적절한 수준의, 매우 이성적인, 어떻게 보면 온건한 희망들 말입니다. 이런 종류의 희망은 자주 개량적이거나 타협적이라는 불신에 시달리지만, 실제로는 아주 급진적인 형식 속에서 모습을 드러냅니다. 예를 들어, 제가 조금 전에 말한 것은 정말로 합리적인 주장입니다! 그 내용 탓에 제가 다소 무책임한 유토피아주의자로 비쳤을 수도 있겠지만요. 만일 모든 지식인이 자신이 속한 공간에서 투명성을 조금씩 늘려 가고 자기기만auto-mystification을 조금씩 줄여 갈 수 있다면, 이런 노력만 있더라도 엄청난 변화가 아닐까 합니다. 아주 간단한 조치부터 시도하는 겁니다. 일례로 여론조사의 올바른 활용을 감독하기 위해 법률가, 사회학자 등으로 구성된 법적 위원회를 설치할 수 있겠죠. 표본 크기뿐만 아니라 훨씬 더 다양한 문제를 검토하는 기구로요. 이런 조치는 민주주의를 증진시키는 일종의 진보입니다. 이건 아주 단순한 한 가지 사례입니다만, [지식인들이 볼 때는] 요구할 가치가 거의 없는 것으로 여겨지기 십상이죠. 그 대신 우리 지식인은 베트남 문제를 걱정해야 합니다. 스토아주의자들이 말하듯, 우리에게 달려 있지 않은 문제, 우리의 사정거리 밖에 있는 것들 말입니다. 그런데 우리는 사실 우리에게 달려 있는 문제를 보아야 합니다. 그리고 우리에게 달려 있는 문제는, 우리가 막연히 짐작하는 것보다 훨씬 더 중요합니다. 예컨대, 지식인들이 생산하는 온갖 기만은 우리 지식인들이 좌우할 수 있는 문제입니다. 그래서 지적인 환상에 대한 비판이 우리의 책무가 됩니다. 물론 이런 비판이 정치적 행위의 '전부'가 되는 것은 아니지만, 의심할 바 없이 우리가 할 수 있는 가장 중요한 일이 됩니다. 이 밖에도 우리가 해야 할 일이 많이 있겠죠. 하지만 우리에게 달려 있는 것은 근본적으로 이런 식의 비판입니다.

3장
구조와 개인

샤르티에 제가 보기에 사회과학, 예를 들어 사회학, 역사학, 인류학에서는 오늘날 하나의 딜레마가 있습니다. 그것은 이마도 가짜 문제로 보이는데, 아무튼 많은 사람이 이를 해결하기 위해 전념하고 있지요. 그 딜레마는 두 가지 접근 사이의 대립입니다. 한쪽에서는 1960년대 사회과학을 풍미한 접근, 즉 구조, 위계, 객관적 위치라는 관점에서 이루어지는 종래의 접근을 고수합니다. 다른 쪽에서는 개인의 행위, 전략, 표상을 복원하고 개인들 간 상호관계를 복권하려는 일군의 시도가 있습니다. 이런 시도가 각 분과학문 내에서 상이한 형태를 띠거나 상이한 대상에 초점을 맞추긴 하지만요. 역사학에서는 어떤 사회의 객관적 위계질서의 재구성을 목표로 삼는 사회사가 한때 지배적인 위치에 있었습니다. 이 위계질서는 세무자료나 공증문서 같은 사료에서 발굴되고 총체적 패턴으로 범주화되었지요. 그런데 최근에는 사회사의 영향력이 점점 더 약해지고, 많은 사람이 주체의 역할을 고려하는 접근법들을 채택하기 시작했습니다. 이로부터 전기傳記의 귀환, 의미지향성intentionnalité의 귀환이 일어납니다. 사회경제적 직업 범주나 사회계급의 관점에서 사유하길 꺼리는 일부 역사학자는 '공동체' 같은 개념을 매우 중요하게 사용하기도 하지요.

이런 긴장은 역사학만이 아니라 사회학에서도 존재합니다. 거기에는 분명히 일련의 대립쌍이 있습니다. 구조주의적 접근들이 예컨대 상호작용론, 민속방법론ethnométhodologie 등 현상학과 관련된 온갖 접근에 대립합니다. 최근에 출간된 『말한 것들』Choses dites에 실린 어떤 대담에서 선생님은 이런 대립쌍을 다시 취하고는 잘못된 것 또는 무력한 것으로 선언했습니다.[1] 선생님에 따르면, 이런 대립쌍은 대체로 가짜 문제이긴 하지만 어떤 근본적인 기능을 가집니다. 예를 들어 [구조주의를 비판하는] 사람들은 이런 대립쌍을 이용해 반대편 사람들, 즉 구조에 집착하는 누군가를 전통적이거나 고루한 것으로 기각하면서 자신의 입장을 쉽게 차별화하고 나아가 독창성과 혁신의 이미지를 얻을 수도 있습니다. [반대의 경우도 가능하겠죠.] 이는 아마도 이번 대담에서 우리가 풀어 나가야 할 성찰의 실마리로 보입니다. 그러나 일단 이렇게 질문을 시작하죠. 구조주의적 접근과 현상학적 접근 사이에 충돌이 있다고 하는데, 왜 이는 가짜 문제에 지나지 않을까요? 선생님의 의견을 듣고 싶습니다.

부르디외 방금 말씀하신 것에 모든 문제의 단서가 있습니

---

[1] Pierre Bourdieu, "Repères: Entretien avec Johan Heilbron & Benjo Maso", *Choses dites*, Minuit, 1989, pp. 47~71.

다. 우선 선생님이 언급한 가짜 혁명이라는 발상에 관해 말해보죠. 과학적인 가짜 문제들, 사회학적인 가짜 문제들이 끈질기게 살아남아 있는데, 이는 그 문제들이 진짜 사회적인 문제이기 때문이거나, 혹은 진짜 사회적인 이해관계에 근거를 두기 때문입니다. 예를 들어 거시 대 미시, 객관주의 대 주관주의, 그리고 오늘날 역사학자 사이에 유행하는 경제적 분석 대 정치적 분석 등의 대립쌍이 있는데요, 선생님이 시사했듯이 이런 대립쌍이 이론적 분석을 견뎌 낼 수 있을까요? 제가 보기엔 대부분 3초도 버티지 못할 겁니다. 그래서 가짜인 것이죠. 그러나 사회적 기능을 한다는 점에서, 이런 대립쌍들은 사용자 입장에서 매우 중요합니다. 이를테면, 학문 장은 불행하게도 고급패션 장이나 종교 장과 변화의 법칙이 매우 비슷합니다. 젊은 학생들, 신참자들은 진짜건 가짜건 혁명을 개시하고 이단hérésies을 창조하려고 합니다. 그리고 이렇게 선언합니다. "보세요. 이 노인네들이 라브루스Ernest Labrousse나 브로델Fernand Braudel 스타일의 경제사를 가지고 우리를 망쳤습니다.[2] 우리는 리스본 항구의 드럼통 숫자를 계산했습니다. 하지만 이제 그만둡시다! 이제 우리는 다른 것에 숫자를 매겨야 합니다." 그래서 사람들은 예전에 드럼통을 세었듯이, 이제는 책들의 수를

---

[2] [옮긴이] 에르네스트 라브루스(1895~1988)는 프랑스의 대표적인 사회경제사가이다. 저작으로는 『앙시앵레짐 말기와 대혁명 초기 프랑스 경제의 위기』 등이 있다. 페르낭 브로델(1902~1985) 역시 아날학파의 유명한 사회경제사가로, 콜레주드프랑스 교수를 역임했다. 주요 저서로는 『지중해』, 『15~18세기 물질문명·경제·자본주의』 등이 있다.

계산합니다. 책에 담긴 내용은, 글쎄요, 신경도 쓰지 않고요. 다른 사례를 들어 볼까요? 이렇게 말하는 사람도 있습니다. "아뇨, 모든 것은 정치에 달려 있습니다." 이는 한때는 길었다가 다음에는 짧아지는 옷들의 유행과 정확히 같습니다.

가짜 문제들이 무엇을 줄까요? 그 장점은 영원히 풀리지 않는다는 데 있습니다. 게다가 과학의 관점에서 이런 가짜 문제는 대체로 진정한 정치적 문제에 뿌리를 두고 있지요. 제가 볼 때 지리멸렬하고 어처구니가 없는 대립쌍이지만, 예를 들어 개인과 사회, 개인주의와 사회주의, 개인주의와 집단주의, 개인주의와 전체론holisme 등등, '~주의'isme가 달린 단어들의 대립이 그런 경우입니다. 이 일련의 대립쌍은 사회주의 또는 집단주의 대 자유주의라는 [정치적] 대립쌍과 연결된다는 점에서 언제나 새로운 활력을 얻습니다. 그리고 이런 은밀한 유착 관계를 통해서 정치투쟁이 학문 장 안에 슬그머니 들어올 수 있습니다. 학문 장의 자율성은 이런 가짜 문제들에 대해서 어떤 경계를 치느냐에 달려 있습니다. 예컨대 학문적으로 매우 취약한 입장도 그 뒤에 정치적 힘이 있다면 충분히 세력을 얻을 수 있습니다. 신자유주의 시기에는 호모에코노미쿠스homo economicus라는 엉터리 이론이 인기를 얻는데, 이를 지지하는 사람들이 전성기를 맞습니다. 이런 상승세는 학문적 실천에서가 아니라 다른 영역에서 시작되긴 했지만, 어쨌거나 엄연한 사실입니다. 그 결과 학문 장 내에서 정치적 국면을 등에 업은 지적 활동이 가능한 겁니다.

그렇다면 이 문제들은 왜 가짜 문제일까요? 여기서는

또 다른 얘기가 필요합니다. 굉장히 어려운 일이긴 하지만, 아주 구체적으로 말해 보지요. 우선 뒤르켐Émile Durkheim은 우리 모두가 자기 자신을 사회학자로 여기기 때문에 그러한 사실로부터 사회학의 문제가 생겨난다고 주장합니다. 우리는 배우지 않고도 알 수 있는 [자생적] 학식으로 무장하고 있다고 믿습니다. 바로 이것이 사회학의 특별한 난점 가운데 하나입니다. 역사학의 경우도 같은 고민을 갖고 있습니다. 우리는 즉각적으로 이해한다고 믿고 있는데, 즉각적 이해라는 바로 이런 환상이 [진정한] 이해의 장애물 가운데 하나입니다. 이런 환상과 단절하기 위해서 우리는 객관화 방법을 도입합니다. 마침내 우리는 [뒤르켐의] 유명한 문장에 다다릅니다. "사회적 사실을 사물로 다루어야 한다."[3] 이 명제는 학문세계에 벼락을 날리게 되죠. 만약 제가 로제 샤르티에(혹은 피에르 부르디외)를 연구한다면, 저는 그가 주관성이 없는 존재인 양 다루어야 합니다. 저는 그가 제게 말한 것, 그가 체험한 것, 그가 자신의 체험에 대해서 말한 것, 그의 정신적 경험이나 표상 등에 전혀 가치를 두지 않아야 합니다. 저는 그 모든 것을 지워 버리고 심지어 의심해야만 합니다. 이 모든 것은 뒤르켐의 '선관념', 마르크스의 '이데올로기', 또는 자생적 사회학을 뜻하는데, 그 이름이 뭐든지 간에 저는 의심을 지우지 않습니다. 저는 그 모든 것을 기록해 두지만 계속해서 의심하지요. 바로 이것이 객관주

---

[3] [옮긴이] 에밀 뒤르켐, 『사회학적 방법의 규칙들』, 윤병철·박창호 옮김, 새물결, 2001 참조.

의적 입장입니다.

샤르티에 개인을 적절히 기술할 수 있는 객관적 속성들을 향해 가기 위해서 말이죠……

부르디외 네, 맞습니다. 보통은 그 지점에서 각종 통계 자료가 활용되겠죠. 예컨대 이렇게 말할 수 있습니다. 저는 로제 샤르티에가 "자,"allons라고 말한 횟수를 계산합니다. 이를 통해서 그 자신도 몰랐던 사실이 밝혀지고, 그가 내게 말해 주는 모든 내용보다 훨씬 중요한 사실이 드러납니다. [다른 한편] 저는 그의 목소리가 어디서 나오는지 재려고 합니다. 이는 실제로 행해진 작업입니다. 목청 안에서 성음聲音의 위치를 지표로 삼아 누군가의 사회적 위치를 예측할 수 있습니다. 자, 이것이 바로 객관주의입니다. 그런데 사람들은 저를 정면으로 반박할 테지요. 예를 들어, "흥미로운 사실은 주체들의 생각, 표상, 담론, 정신적 이미지에 있습니다. 사회 세계에 관해 그들의 머릿속에 담긴 것 말입니다. 따라서 선생님은 자기분석—이는 현상학의 일종이죠—을 하건, 다른 사람들의 자기분석을 돕건 간에 좀 더 노력을 기울여야 합니다. 다른 사람들의 표상, 담론 등을 수집해야 합니다".

이는 정말이지, 바보 같은 대립쌍입니다. 제가 보기에는, 논파하는 데 한 문장도 아깝죠. 사회/개인의 대립쌍에 관해서도 같은 말을 할 수 있습니다. 사실 이 둘은 생각보다 가까이 있습니다. 파스칼의 문장이 이를 잘 요약해 줍니다. 파스칼의 문장을 조금 단순화해서, 제 식대로 인용해 보겠습니다(그걸 통째로 인용할 수도 있겠지만, 그렇게 해 봤자 문장의 물신적 가치만 커지겠죠). "세계는 나를 포함하지만, 나는 세계를 이해한다"Le monde me comprend, mais je le comprends. 그는 ['이해하다'와 '포함하다'의 뜻을 모두 가진 동사] 'comprendre'를 가지고 말놀이를 하고 있습니다. 세계는 나를 포함하고 나를 하나의 점으로 사라지게 합니다. 나는 세계에 속하는 하나의 사물입니다. 나는 하나의 신체로 존재합니다. 나는 공간적으로나 시간적으로 규정되어 있고, 특정한 위치에 놓여 있습니다. 나는 다양한 힘에 복속됩니다. 그러므로 제가 만일 창문 밖으로 뛰어내린다면, 중력의 법칙 탓에 아래로 떨어지겠지요. 저는 또한 세계를 이해합니다. 달리 말해 저는 세계에 관한 표상을 갖고 있습니다. 따라서 세계 안에서 제가 차지하는 위치만으로 환원되지 않습니다. 이는 무엇을 뜻할까요? 우리가 매우 특이한 사물, 즉 인간을 대상으로 연구할 때 이런 이중적 실재를 객관성의 차원에서 고려해야 한다는 뜻이죠. 인간은 하나의 사물입니다. 우리는 인간을 계량하고 측정하며 계산할 수 있습니다. 우리는 인간의 속성들, 예를 들어 책이 얼마나 있는지, 자동차가 얼마나 있는지 조사할 수 있습니다. 게다가 이런 것들에 관해서 인간은 누구나 자신의 표상을 갖고 있는데, 이런 사실 자체가 객관성의 일부를 이룹니다. 우리 각자는 하나의 관점을 갖고 있습니다. 우리는 사회공간에 위치하고 각자의 자리에서 사회공간을 바라보게 됩니다. 일단 이렇게만 말해도 양자택일이 얼마나 바보 같은 짓인지 깨달을 수 있겠죠. 역사에 관한 로제 샤르티에의 관점을 이해하려면, 그가 역사학자들의 공간 안에서 어떤 위치에 있는지 알아야 합니다. 그리고 우리는 샤르티에에 관한 객관적 진실과 샤르티에가 생산한 표상들의 원리를 동시에 갖게 됩니다. 사회학자의 작업은 [위치와 관점] 두 가지를 모두 포괄하는 데 있습니다. 개인과 사회라는 문제에서도 우리는 똑같이 말할 수 있습니다. 개인 대 사회는 전적으로 가짜, 허구에 불과합니다. 하지만 이 대립쌍은 객관주의적 공격이나 주관주의적 공격 모두에서 사용될 수 있기에 매우 유용한 허구입니다. 젊은 시절에 저는 운 좋게도 사르트르, 레비-스트로스와 더불어, 그리고 그들에 맞서면서 제 자신의 사유를 구축할 수 있었죠. 사르트르가 가장 급진적인 방식으로 주관주의적 위치를 구현한다면, 레비-스트로스는 가장 급진적인 방식으로 객관주의적 위치를 구현하고 있죠. 어느 편을 들까요? 어느 한쪽 편만 드는 건 사실상 아무런 의미가 없습니다. 대신에 우리는 사르트르에 반대하면서 레비-스트로스에 찬성하고, 레비-스트로스에 반대하면서 사르트르에 찬성해야 합니다.

샤르티에 우리는 이런 대립쌍이 얼마나 부질없는지 알아채기도 하지만, 온갖 수단을 활용해 대립 자체를 극복하려고 합니다. 각자 생애사적 궤적 속에서 이런 극복의 계기, 또는 장소를 만나기도 합니다. 그렇게 보이지 않나요? 선생님의 경우에는 이런 해결이 베아른Béarn에 관한 인류학적 작업에서, 그러니까 선생님 자신의 정체성과 고향 마을을 연구하면서 이루어졌던 것 같습니다. 그러나 우리가 채택한 관점에 따라 조사연구가 이용하는 방법도 달라지고 자료원도 변하기 때문에 결론에 신중해야 합니다. 해법은 단번에 출현하지 않으며, 언제나 어렵고 잠정적일 따름입니다. 아무튼 어떤 순간 방아쇠가 확 당겨집니다. 통상적인 연구 상황에서 벗어나 연구자 개인이 자신이 속한 사회에 직접적으로 연루되는 모종의 한계 상황에 처하게 될 때 그렇지요. 선생님은 카빌리를 조사하고, 특히 베아른과 결혼전략 문제를 연구했습니다.[4] 이런 작업들을 읽으면서 저는 언제나 놀라곤 합니다. 거기서 선생님은 지금 우리가 다루는 주제, 즉 객관성과 주관성의 대립쌍이 부조리하다는 사실을 인상적으로 설명합니다. 제 기억에 선생님이 사용한 표현을 가져오면, 우리 자신이 "인식론적 실험"의 상황에 처할 때 그런 대립쌍은 부질없어집니다. 물론 방아쇠가 확 당겨지는 이런 [한계] 상황이 언제나, 또 반드시 오는 것은 아니겠지요.

부르디외 저는 객관주의 경향이나 주관주의 경향이 [연구] 대상에 따라, 그리고 인식하는 주체와 인식되는 대상 간의 관계에 따라 강도가 달라진다고 생각합니다. 예를 들어, 저는 인류학자의 상황이 객관주의와 관련된다고 봅니다. 인류학자는 이방인으로 [현장에] 위치합니다. 현상학 전통은 이런 낯섦étrangeté의 상황을 깊게 성찰해 왔습니다만, 아무

---

4 [옮긴이] Pierre Bourdieu, *Esquisse d'une théorie de la pratique, précédé de trois études d'ethnologie kabyle*, Droz, 1972; Pierre Bourdieu, "Les stratégies matrimoniales dans les systèmes de reproduction", *Annales ESC*, vol. 27, n. 4, 1972, pp. 1105~1127 참조.

튼 그는 게임의 바깥에 위치하고 자신이 관찰하는 게임의 이해관심에 얽혀 있지 않습니다. 예컨대 결혼전략을 묘사할 때, 그는 자신의 사적 이해관심에서 벗어나서 그렇게 합니다. 이런 점에서 인류학자는 객관주의적 시각과 친화성을 갖습니다. 이는 교육체계를 연구하는 사회학자에게도 똑같이 적용됩니다. 그는 자기 아들에게 좋은 대학을 찾아주려는 가장처럼 행동하지 않아요. 예를 들어, 그랑제콜을 연구하면서 저는 그곳에 다니는 학생들만이 아니라 그들의 조언자[가령 아버지]를 조사했습니다. 거기서 저는 미로 속을 헤매는 실험용 쥐와 같은 학생과 조언자 모두의 의식에서 벗어난, 따라서 전적으로 무의식에 속하는 일련의 메커니즘을 객관화하고 가시화하려고 했습니다. 조언자들도 자신이 조언한 내용이 무엇을 뜻하는지 알지 못했죠. 그렇다고 그런 조언 자체가 쓸모없다는 말이 아닙니다. 저는 완전히 객관적인 관점에서 무언가를 하려고 했습니다. 이는 제가 자식들에게 조언할 때, 그러니까 어떤 학교가 가장 좋은지 조언하려고 할 때는 아무런 쓸모가 없는 일입니다. [사회학자로서] 제게는 일종의 구성적인 무사무욕désintéressement이 있습니다. 이는 제가 아무런 이해관심도 없다는 뜻이 아니라 다른 종류의 [상징적이고 과학적인] 이해관심이 있다는 뜻입니다.

저는 인식론적 실험이라는 아주 힘든 상황에 처한 적이 두 번 있습니다. 절반은 의도적으로, 또 절반은 무심결에 그렇게 되었죠. 하나는 어린 시절 제가 자란 마을에 대한 연구였는데, 제가 아주 잘 아는 친구들이 대상이 되었죠. 다른 하나는 몇 년 전에 수행한 대학에 관한 연구입니다.[5] 두 경우 모두 저는, 비록 어떤 순간에는 객관주의적 유혹에 빠지기도 했지만, 대상의 특성 탓에 거의 강제로, 그러니까 부지불식간에 제 자신의 주관적인 이해관심에 주목할 수 있었죠. 예를 들어, 우리는 학계를 분석할 때 몇 가지 위계질서를 끌어냅니다. 이런 질서는 서로 다른 원리에 따라 움직이죠. 대학세계는 두 가지 가능한 위계화 원리를 둘러싸고 투쟁을 벌이면서 분화됩니다. 한편에는 재생산 수단을 좌우하는 권력의 정점에 오르는 길이 있습니다. 예를 들어 교수자격시험의 심사위원장이 되거나, CNU[6]의 분과장이 되는 것이죠. 이는 [대학세계 안에서] 자기 자신을 재생산하거나, 다른 사람들의 재생산을 통제하거나, 혹은 다른 사람들의 재생산을 저지하는 그런 힘을 갖게 합니다. 다른 한편에는 평판이 있습니다. 이를테면, 자신의 저작이 외국어로 번역되거나, 유명한 학교나 연구소에서 초청을 받거나, 노벨상을 받을 수도 있습니다. 이처럼 두 가지 위계화 원리가 존재하면서 서로 경쟁을 벌입니다. 어떤 면에서 아주 흥미로운 사실이 있는데요. 사회학자는 다양한 객관화 기법을 동원해, 즉 사람들의 의견을 구하지 않고 이런 위계질서를 도출합

---

5 [옮긴이] 이것들은 각각 고향 베아른에 관한 부르디외의 민족지와 자신이 재직 중이던 콜레주드프랑스를 연구대상에 포함시킨 『호모 아카데미쿠스』를 가리킨다. Pierre Bourdieu, *Le Bal des célibatires*, Seuil, 2002; 『호모 아카데미쿠스』, 김정곤·김기대 옮김, 동문선, 2005.
6 연구자 및 강사들의 채용과 경력을 결정하는 국립대학교육위원회를 가리킨다.

니다. 그런데 일단 이런 질서가 재생산되면, 그것은 마치 원래부터 자명한 사실로 여겨집니다. 누구나 이렇게 말을 합니다. "네, 그럴 줄 알았어요. 당연한 얘기네요." 바로 그렇기 때문에 온갖 통념에 맞서 이런 위계질서를 객관화하고 종이 위에 재구성하려면 엄청난 작업이 필요합니다.

따라서 [저와 학계 사이에는] 어떤 간극이 있습니다. 분명히 그렇습니다. 모두가 아는 위계질서를 부정하고 이런 자명한 사실을 감추려는 집단적 노력이 있습니다. 저는 한 명의 내부자로서 이런 숱한 실천에 분개하면서 관찰을 시도합니다. 이런 경우 학계를 적절히 기술하기 위해서 이중의 재현이 필요합니다. 먼저 이렇게 말해야 합니다. [학계에는] "여러 위계질서가 있는데, 아무도 이런 사실을 알고 싶어 하지 않는다." 그러나 이 말은 아직도 너무나 단순한 진술입니다. 이어서 우리는 이렇게 말해야 합니다. "거기에는 사회적으로 정립된 집합적 메커니즘이 존재한다. 이 메커니즘은 프로이트가 말한 방어체계와 똑같이 작용하면서 위계질서들을 보지 못하게 한다." 왜 그럴까요? 만일 객관적 진실이 주관적 진실이 된다면, 학계와 대학에서 사람들은 살아갈 수 없을지도 모릅니다. 아마도 그런 이유가 아닐까요? 제가 연구한 기업주나 주교집단에서도 이런 문제가 분명히 있었지만, [학계에 비하면] 그렇게까지 극적이지는 않았죠.

샤르티에 선생님의 이런 주장은 결국 역사학자들의 경우 인식론적 실험의 상황에 거의 놓이지 않는다는 사실을 암시

합니다. 왜냐하면 정의상 역사학의 대상과 역사학자 사이에는 언제나 일정한 거리가 존재하고, [사회학과 달리] 연구주체의 고유한 이해관심이 [대상과의] 직접적인 연루가 아닌 다른 층위에 놓이기 때문이죠. 물론 여기서 현재를 연구하는 역사학자는 예외가 되는데, 그 경우 [역사학과 사회학 사이의] 학문적 경계가 사실상 거의 없다고 봐야겠죠. 아무튼 이런 추론을 계속 따라간다면, 어쩌면 우리는 자신의 실천을 성찰하는 역사학자의 작업이 동일한 성찰을 행하는 사회학자의 작업에 비해, 특히 선생님이 여러 저서와 대담에서 행하는 성찰에 비해 어째서 예리한 맛이 덜하고 비극적 면모가 적은지 설명할 수도 있을 것입니다. [내부의] 분열이 적다는 사실은 최선의 경우 역사학계에 보호막으로 기능합니다. 그러나 최악의 경우는 아닐지라도 어쨌든 동일한 이유가 인식의 실천에 대해서 굉장한 혜안을 주진 않아요. 물론 [역사학 장에도] 두 개의 대립극이 있습니다. 그 중 하나는 구조의 축에 속하고, 다른 하나는 의미지향의 축에 속합니다. 이와 같은 대립쌍이 사료의 종류, 역사쓰기의 방식, 역사학자 사이를 구분하긴 하지만, 분열이 심하지는 않지요. 그 덕분에 상이한 접근들이 아주 원만하게 공존할 수 있습니다. 역사학계는 완전히 통일된 장이 아니라, 다양한 연구주제와 역사쓰기의 방식들이 몰려 있는 일종의 모자이크 상태와 유사한 것이죠. 거기서는 앞에서 우리가 논한 [구조주의와 현상학, 사회와 개인 등과 같은] 문제들의 대립과 긴장이 그다지 심하지 않아요.

부르디외 선생님이 방금 말한 것이 전부 제게는 무척 마음에 듭니다. 그것은 역사학 장과 사회학 장 사이에 어떤 차이가 있는지 아주 정확히 설명해 줍니다. 저는 가끔 역사학계에 향수를 느끼곤 합니다. 제가 그 세계에 있었다면, 좀 더 조용히 살 수 있지 않았을까 자문해 보면서 말이죠. 역사학계에는 「역사의 월요일」이 있고, 가장 엄밀한 경제사의 지지자들과 심성사의 지지자들 간에 토론이 가능하며, 최선의 세계 속에서 모든 것이 잘 돌아갑니다. 게다가 세계적으로 유명한 거장들이 서로 다른 입장 사이에 다리를 놓기도 합니다……

샤르티에 더욱이 우리는 글을 쓰면서 다른 사람들에게 기쁨을 줍니다. 사람들이 역사학에 특정한 역할을 부여하고, 또 역사학이 스스로 그것을 자임하고 완수할 경우 기쁨은 특히 배가되고 충족감은 늘어나지요. 그러니까 공동체나 민족국가 수준에서 많은 사람이 자신의 뿌리, 준거점, 정체성을 결여할 수 있는데, 역사학이 이런 부재의 느낌을 채워 주는 역할을 할 수 있다는 말입니다. 사회학과 관련해 우리가 논해야 할 문제는 결국 완전히 다른 층위에 놓여 있습니다. 사회학은 공격적인 것으로 간주되고 사람들이 자기 것으로 만들기 위해 엄청난 고통을 치러야 하는 것으로 여겨지지요. 반면에 역사학 담론은 몇 가지 사례와 20세기 역사를 제외한다면 사람들을 위로하고 안심시키는 담론입니다.

부르디외 선생님이 방금 말한 모든 것이, 역사학 텍스트와 사회학 텍스트가 왜 사회적으로 상이한 대접을 받는지 매우 잘 설명해 줍니다. 우리는 심지어 서적 판매에서도 이런 차이를 찾아볼 수 있습니다. 크리스마스에 사회학 총서를 선물하는 경우가 있을까요? 거의 없을 겁니다. 상상하기도 힘들죠. 제가 무슨 도발을 하려고 이런 말을 하는 게 아닙니다. 제가 역사학자라면, 저 역시 크리스마스 선물용 총서 제작에 참여했겠죠.[7]

제가 말하고 싶은 바는 그런 사실이 사회학과 역사학 사이에 어떤 차이가 있는지 하는 질문을 제기한다는 것입니다. 사회학자는 공격적이고 갈등을 조장하는 사람, 간단히 말해 '말썽 피우는' 자로 간주됩니다. 반면에 역사학자는 '말썽 없는' 자로 여겨집니다. 왜냐하면 역사학자는 이미 지나간 과거의 일을 다루니까요. 물론 역사학자도 간혹 논쟁을 제기합니다. 최근에는 프랑스혁명이 논쟁의 대상이 되었죠……

제가 보기에 중요한 점은 과연 우리가 역사학이 [사회학

---

7 [옮긴이] 프랑스에서는 '새로운 역사학'nouvelle histoire의 등장과 더불어 1960년대 말부터 역사서 시장이 급팽창했다. 갈리마르Gallimard, 쇠이유Seuil, 플라마리옹Flammarion 같은 대형출판사들이 다양한 총서를 기획했으며, 특히 심성사와 역사인류학 연구서들은 높은 대중적 인기를 끌었다. 예컨대, 1975년에 나온 중세사가 에마뉘엘 르루아 라뒤리 Emmanuel Le Roy Ladurie의 연구서 『몽타이유』Montaillou, village occitan de 1294 à 1324는 30만 부가 팔릴 정도였다. 독서시장의 이러한 흐름은 꾸준히 이어지고 있어서, 출판사들은 종종 대형 기획물들(『사생활의 역사』, 『여성의 역사』, 『프랑스의 역사』, 『기억의 장소』 등)을 시장에 내놓곤 하며 독자들은 역사서를 선물용으로 구매하는 경우도 많다. François Dosse, *Histoire du structuralisme II*, La découverte, 1992, pp. 334~335 참조.

3장 · 구조와 개인

보다는] 훨씬 더 통합된 분과이고 공생적인 문화를 갖고 있으며 '과학 공동체'의 이상에 부합한다고 말할 수 있는가 하는 데 있습니다…… 과학 공동체도 [액면 그대로의] 공동체라고 가정할 수 있다면, 그렇게 말할 수도 있겠지요. 그러나 사실 이런 가정 자체가 하나의 허구입니다. 과학 공동체는 진실을 놓고 투쟁하는 장소입니다. 그리고 제 생각에 사회학은 갈등적이라는 바로 그 이유 때문에 [역사학보다] 훨씬 더 통합된 학문입니다. 지금 제가 하는 이야기는 통념과 완전히 반대되는 주장입니다. 사람들은 이렇게 말하곤 합니다. "역사학자는 적어도 자기들끼리 말은 통합니다. 하지만 사회학자를 보세요. 서로 치고받느라 정신이 없잖아요. 두 명만 모여도 똑같은 얘기를 하는 법이 없어요." 그러나 제가 볼 때 사람들이 믿는 것과 달리, 역사학이 어떤 특권을 갖는다면[즉 과학 공동체의 이상에 부합할 수 있다면], 그것은 과학 공동체를 둘러싼 아주 단순하고 낡아 빠진 철학의 이름으로나 가능한 일입니다. 또다시 우리는 단순화된 대립쌍 가운데 하나를 만나게 됩니다. 즉 합의와 갈등이 대립하는데, 이는 논술시험의 커다란 주제가 됩니다. '사회가 합의에 기초한다고 보는가, 아니면 갈등에 기초한다고 보는가?' 그런데 갈등에 의한 합의라는 형식도 존재합니다. 그렇지 않은가요? 일단 논쟁을 위해서는 불화의 지점들에 대한 합의점이 있어야 합니다. 그런 연후에 우리는 갈등을 통해 서로 통합됩니다. 타협이나 회피에 의해서가 아니라, 다른 방식으로 통합에 이르는 셈이죠.

    선생님은 방금 이렇게 말했습니다. 역사학자는 제각기

작은 제국, 혹은 작은 봉토를 갖고 있으며 그 안에서 모두 평온하게 지낸다고 말입니다. 중세사는 절대로 근세사를 건드리지 않습니다. 역사학은 사회학자를 괴롭히는 지속적인 검증 압력에 사실상 놓이지 않습니다. 저는 역사학의 결정적 약점 가운데 하나가 이런 사실에 있다고 봅니다. 제 친구들이 모두 역사학자이니만큼 이렇게 말한다고 해서 제가 못돼 먹었다는 의심을 받진 않겠죠. 아무튼 사회학자는 스스로를 끝없이 정당화해야 하며, 자신의 존재를 결코 주어진 것으로 간주할 수 없습니다. 아주 구체적인 사례를 하나 들어 보죠. 질문지를 돌릴 때, 저는 제 자신을 역사학자로 소개합니다. 조사연구 중에 어려운 상황이 닥치면, 저는 학생들에게 이렇게 권유합니다. "역사학자라고 소개하세요." 역사학자는 그 존재가 자연스럽게 여겨집니다. 사회학자는 별로 그렇지 않아요……

    사회학은 '말썽쟁이' 학문입니다. 갖가지 문제를 일으키고, 심지어 없던 문제를 만들기도 합니다. 그래서 사회학은 존재 자체를 의심받곤 합니다. 그리고 이런 사실 때문에 사회학은, 적어도 어떤 사회학은 자기 존재를 끊임없이 통찰해야만 합니다. 그런데 이런 조바심, 밑바닥에 있는 이런 불안이 [역설적으로] 과학적 진보를 촉진하게 됩니다. 이것이 사회학의 기본 동력입니다.

샤르티에 우리가 방금 논의한 이런 긴장에 역사적 차원을 더해 볼 수 있을 겁니다. 20세기 초반 뒤르켐은 사회학을 일종의 과학 중의 과학으로 제시했는데, 사회학의 고유한 방법으로 다른 모든 학문을 통합하려고 했죠. 이런 기획이 그 자체의 지적인 힘에 비해 강력한 제도적 힘을 확보하진 못했지만, 다른 지적 전통들과 비교할 때 프랑스 사회학의 특수성이 있다면 뒤르켐의 이런 기획이 아닐까 합니다. 선생님의 학문적 실천 속에도 이런 기획이 뚜렷한 흔적을 남기고 있습니다. 사회학은 동시대 세계만을 연구한다는 식의 개념 규정을 선생님이 거부하시는 데서조차 그렇지요. 이런 관점에서는 과거를 연구하는 역사학자와 현재를 담당하는 사회학자라는 간편한 구분이 완전히 기각됩니다. 실제로 선생님은 전통적으로 역사학자들이 독점하던 시기, 예를 들어 19세기나 그 이전 시대에 관해 글을 쓰고 성찰합니다. 이런 사실은 선생님의 책이라든지 『사회과학연구논집』의 아무 권이나 펼쳐 보더라도 쉽게 확인됩니다. 이 지점에서 우리는 20세기 초반을 장식한 아주 격렬한 논쟁의 자취를 발견할 수 있습니다. 그렇지 않나요? 한편에는 강력한 입지를 구축한 프랑스 사회학파가 있었고, 다른 한편에는 마르크 블로크Marc Bloch, 뤼시앵 페브르Lucien Febvre를 중심으로 아날학파가 형성돼 서로 대립했죠. 사회학파는 사회학을 사회과학의 대명사로 추켜올립니다. 그런 주장은 역사학자를 불편하게 만들고 반발하게 합니다. 이런 상황에 대해서 어떻게 보시나요?

부르디외 저는 사회학을 구성한 명백한 동인, 즉 제왕적 학문이 되려는 야심을 완전히 포기했습니다. 오귀스트 콩트Auguste Comte가 제시한 학문 분류체계에서 사회학은 가장 높은 자리에 있었고 제왕의 자리에 앉았죠. 그리고 철학자와 사회학자가 벌이는 경쟁 속에서 우리는 언제나 콩트와 그의 야심에서 비롯한 모종의 그림자를 찾을 수 있어요. 저는 그것이 실천적 의미가 없는 야심이라고 생각합니다. 저한테는 매우 낯설게 보이는 또 다른 야심이 있는데, 이는 뒤르켐이 명확히 표명한 바 있습니다. 뒤르켐은 특수한 이해관심을 초월한 진리의 생산에 관심을 갖습니다. 이른바 스피노자식 야심이지요. 뒤르켐의 책 『프랑스 교육 발달사』 *L'Évolution pédagogique en France*[8] 안에 아주 멋진 텍스트가 있습니다. 그것은 진리와 오류에 관한 스피노자의 유명한 텍스트를 그대로 연상시킵니다. 그 번역본이라고 해도 믿을 수 있을 정도로 말이죠…… 우리는 경제학자들에게서도 동일한 야심을 발견할 수 있습니다. 폴 새뮤얼슨Paul Samuelson은 자신의 훌륭한 교과서를 대강 다음과 같은 말로 시작합니다.[9] "개인들은 제각기 경제세계에 관한 부분적이고 편파적인 관점을 가지고 있다. 그들은 총체화할 수 없다. 이런 특수한 개인들의 관점은 서로 적대적이고 충돌하며, 따라서 누적될 수 없다. 반면에 학자는 라이프니츠가 신에 대해 말하듯이, 모든 시각의 실측도를 가지고 모든 관점의 기하학적 중심에 위치한다……" 이런 식으로 사회학자는 자기 자

---

8   Émile Durkheim, *L'Évolution pédagogique en France*(1938), Presses universitaires de France, 1990.
9   Paul Samuelson, *Les Fondements de l'analyse économique*, Gauthier-Villars, 1971[*Economics: An Introductory Analysis*, McGraw-Hill, 1948].

신을 라이프니츠적인 의미의 신처럼 여기는 경우가 많아요. 저는 이것이 뒤르켐의 정치적 야심, 혹은 기술관료적 야심이라고 생각합니다. 간단히 말해 사회학자는 모든 것에 관한 지식을 가지고, 특수한 개인들에게 무엇이 가장 좋은 일인지 말할 수 있으며, 그들 자신보다 훨씬 더 정확하게 말할 수 있다는 것이죠. 그러니까 [이러한 시각에 따르면] 오류는 결핍에서 나오고 손상에서 나옵니다. [사회학자가 아닌 평범한 개인들은] 아주 작은 일부만 보기 때문에 오류가 생긴다는 것이죠.

4장
하비투스와 장

샤르티에 제가 보기에 선생님이 고심해 다루는 문제들 가운데 하나는, 이른바 '생물학적 개인 안에서 정신구조의 발생'입니다. 그것은 개인들이 사회세계의 구조를 내면화하는 과정이고, 이와 동시에 그 구조를 자신의 행위, 품행, 선택, 취향을 인도하는 분류도식schèmes de classement으로 전환하는 일입니다. 역사학자들 역시 같은 문제에 직면합니다. 정신구조의 체화는 동일한 사회적 궤적을 공유한 생물학적 개인들 사이에서 어느 정도 공통적으로 나타납니다. 이런 현상을 이해하기 위해서 선생님은 '하비투스'라는 개념을 제안했습니다. 그런데 이 개념은 적어도 현 단계의 사회과학에서는 별로 전통적이라고 할 수 없는 조작적 용어로 보입니다. 그것은 조금은 거칠고 조금은 중세적 느낌도 납니다. 이 개념을 사용하는 특별한 이유가 있습니까? 그리고 이 개념은 어디에서 유래한 것인지요? 선생님이 직접 만든 개념입니까, 아니면 [과거의 지적 전통에서] 물려받은 개념입니까? 혹시 다른 전통에 반대하기 위해서, 그러니까 훨씬 더 오래된 심성사의 전통이나 그 초기 형태인 아날학파에 반대하기 위해서 이 개념을 사용하는 것은 아닌가요?

부르디외 '하비투스'는 토마스 아퀴나스 등을 거쳐 아리스토텔레스로 거슬러 올라가는 아주 오래된 개념입니다. 제가 이 개념을 되살리긴 했지만, 오늘날 많은 사람이 즐겨 취하는 계보학적 관점이 이 개념에 이바지한 바는 조금도 없습니다. 어떤 개념을 과학적으로 사용하려면 실천적 숙련이 필요하고, 가능하다면 이론적 숙련도 필요합니다. 그러니까 그 개념이 이전에 쓰인 방식, 그리고 빌려 온 개념이 사용되었던 개념적 공간에 대한 이론적 숙련 말이죠. 사실 개념적 공간에 대한 이런 숙련이 없다면, 우리는 이론적 노선을 가질 수 없습니다. 이는 정치적 노선의 선택과 비슷합니다. 우리는 상이한 정치적 공간에서 구조적 상수들의 존재를 파악하고, 이런 직관을 통해서 정치적 노선을 가지게 됩니다.

아리스토텔레스나 토마스 아퀴나스, 그 이후에는 후설, 모스, 뒤르켐, 베버 등 다양한 학자가 하비투스 개념을 사용해 왔습니다. 이 개념은 결국 아주 중요한 무언가를 말해 줍니다. 즉 사회적 '주체'는 즉각적으로 작용하는 정신esprits instantanés이 아니란 것입니다. 달리 말해, 어떤 사람의 실천을 이해하려면 그에게 가해진 자극을 아는 것만으로는 충분치 않다는 뜻입니다. 사실 인간 내면 깊숙한 곳에는 [과거로부터 꾸준히 축적된] 모종의 성향 체계가 존재합니다. 그것은 잠재적인 상태로 존재하면서 어떤 상황과의 관계 속에서 현재화됩니다. 하비투스 개념은 대강 이런 뜻입니다.

자세히 논의하자면 끝이 없는데, 이 개념에는 여러 가지 장점이 있습니다. 행위자는 역사를 가지며 개인사의 산물이자 환경과 연관된 교육의 산물이고, 집단적 역사의 산물입니다. 특히 사고범주, 이해범주, 지각도식, 가치체계 등은 사회구조가 체화된 산물입니다. 이런 사실들을 일깨워 준다는 점에서 하비투스 개념은 매우 중요합니다.

조금 까다롭긴 하지만 이해를 돕기 위해 하나의 사례를 들어 보죠. 최근에 저는 [대입시험인] 바칼로레아Baccalauréat 이후에 학생들이 어떤 선택을 하는지 조사한 적이 있습니다. 오늘날 고등교육 체계는 극도로 복잡하게 변했고, 이런 공간에서 학생들은 자신의 진로를 선택해야 합니다.[1] 우리는 일종의 숲을 상상해야 합니다. 거기서 왼쪽으로 가는 사람도 있고, 오른쪽으로 가는 사람도 있으며, 협곡과 미로 속에서 길을 잃는 사람도 있습니다…… 저는 학생들이 어떻게 선택하게 되는지 탐구했습니다. 왜 어떤 학생은 고등사범학교ENS로 가고, 어떤 학생은 국립이공학교École Polytechnique로 가며, 또 어떤 학생은 국립행정학교ENA 등으로 가는 걸까요? 저는 경험 자료에 바탕을 두고 이런 현상을 연구했습니다. 학생들이 어떤 선택을 했는지, 이런 선택을 하는 학생들의 특징은 무엇인지, 그리고 이 둘 간의 관계는 무엇인지 조사했죠. 그 결과 저는 이런 결론에 도달했습

---

[1] [옮긴이] Pierre Bourdieu & Monique de Saint Martin, "Agregation et segregation. Le champ des Grandes ecoles et le champ du pouvoir", *Actes de la recherche en sciences sociales*, n.69, 1987, pp.2~50.

니다. 사회적 행위자들이 마치 자신이 진입할 공간에 내재하는 객관적 대립구조를 내면화하는 것처럼 모든 일이 진행된다고 말이죠. 이 연구의 경우엔 엘리트 수험생들이 그랬습니다. [그들이 내면화할] 구조는 크게 보아 고등상업학교HEC와 고등사범학교의 대립인데, 한편에는 사업이 위치하고 다른 한편에는 지성이 위치합니다. 학생들은 가족 안에서 선호체계를 습득합니다. 고등사범학교의 학생 중에는 교수의 자식이 많이 발견되고, 고등상업학교의 학생 중에는 사업가의 자식이 많이 발견됩니다. 이런 [진로] 선택에서 결정적 역할을 하는 건 무엇일까요? 그것은 근대적 심성을 구조화하는 하나의 거대한 대립쌍인 예술과 돈입니다. 이는 다시 무사무욕/이해관심, 순수한 것/불순한 것, 정신/신체 등의 대립으로 이어집니다. 이는 매우 근본적인 대립쌍인 동시에 자동차, 구독 신문, 휴가, 연인 관계, 섹슈얼리티 등에서 선호를 좌우하게 됩니다. 이런 대립쌍은 다양한 실천, 생산물 등의 구조적 분포 속에 객관적으로 존재하고, 결국은 선호체계의 형태로 내면화됩니다. 한쪽에는 지적으로 흥미롭긴 하지만 경제적 보상이 아주 적은 위치가 있습니다. 다른 한쪽에는 경제적 보상이 매우 크지만 지적으로 취약한 다른 위치가 있습니다. 이런 선호체계 내에서 선택을 해야 한다면, 그리고 제가 만일 교수의 자녀라고 한다면, 저는 아마도 전자를 선택하게 될 겁니다. 이것이 바로 그랑제콜들의 매우 복잡한 대립체계와 같은 객관적 구조가 주관적 구조가 되는 사례입니다. 객관적 구조가 지각과 평가의 범주가 되고 선호체계가 되는 셈이죠. 그런데 어떤 매개

를 통해서 그렇게 될까요? 여기에는 아직 연구할 문제가 많이 남아 있지요······.[2]

샤르티에 바로 그 지점에서 역사학자들의 관점이 당면한 토론에 도움을 줄 수 있습니다. 하비투스라는 개념으로 작업을 하면서, 우리가 제기할 수 있는 첫 번째 질문은 자신의 중세 연구에서 파노프스키Erwin Panofsky가 제기한 질문과 매우 비슷합니다. 그는 스콜라 철학 시대를 연구하면서, 그 시기 건축 양식과 사유 구조 사이에서 나타나는 상동성을 조사합니다.[3] 요컨대 매우 상이한 실천의 장들에서 [특정한] 성향들이 충분히 공유되고 안정적으로 작동한다는 것이죠. 그렇다면 이런 성향들을 주입시키는 장소, 그러니까 사회적 모태는 무엇일까요? 선생님의 작업에서는 어떤 경우 원초적 체화incorporation originelle가 강조됩니다. 그렇지 않나요? 예컨대 어떤 텍스트, 특히나 『실천감각』에는 모든 사태가 매우 일찍 자리 잡는다는 발상이 담겨 있습니다. 그러니까 유년기, 심지어는 언어를 다루거나 합리적 사고를 터득하기도 전인 아주 어린 시절이 개인 내부에 사회구조를 체화하는 결정적 계기라는 것이죠. 반면 다른 경우에는 제도적 장치가 강조되는 것 같습니다. 예를 들어, 오랫동안

---

[2] [옮긴이] 이 주제에 관한 부르디외의 분석은 1989년 출간된 『국가 귀족』에 상세히 나와 있다. Bourdieu, *La Noblesse d'État*, Minuit, 1989 참조.
[3] [옮긴이] 에르빈 파노프스키, 『고딕 건축과 스콜라 철학』, 김율 옮김, 한길사, 2016 참조.

학교를 연구하면서 선생님은 이런 장치들이 비언어적 수단 non-dit을 이용한 몸짓과 행동의 일차적 체화 이후에 뭔가를 추가하고 강화하며 수정한다고 보는데, 그렇지 않은지요? 제가 볼 때는 이 부분에서 커다란 논쟁이 가능합니다. 두 가지 질문이 제기되기 때문이지요. 한편에는 제도의 상대적 중요성에 관한 질문이 있습니다. 다른 한편에서는 이런 질문이 생겨납니다. 바로 [부모에게서] 보고 듣는 대로 따라 배우게 되는 것, 그리하여 부모-자식 간 관계에서 주입되는 행위들의 모태가 되는 것에 대한 질문이지요.

부르디외 그 질문에 답하기 전에 먼저 한 가지 말해 둘 것이 있습니다. 이참에 저는 개인과 사회의 대립이 얼마나 멍청한 짓인지 보여 주려고 합니다. 최근 진행 중인 많은 논쟁이 이런 잘못된 대립에 기초하고 있는데, 예를 들어 [방법론적] 전체론holisme 대 [방법론적] 개인주의에 관한 논쟁이 그렇습니다. 사회는 두 가지 방식으로 존재합니다. 물론 '사회'가 주어인 문장을 만드는 일 자체가 부조리에 가담하는 짓이지만, 재빨리 핵심에 도달하기 위해서 어쩔 수 없이 그렇게 합시다.[4] 한편으로 사회는 객관성 속에서 존재합니다. 그것은 예컨대, 그랑제콜의 선발 기제나 시장 기제 등과 같이 사회구조, 사회적 메커니즘의 형태로 존재합니다. 다른 한편 사회는 개인들의 머릿속에 존재합니다. 사회는 개인들의

---

4 [옮긴이] '사회'를 주어로 말하는 순간, '사회' 자체가 마치 개인 외부에 독립적으로 존재하는 객관적 실체인 양 오인될 수 있다는 뜻이다.

상태, 체화된 상태로 존재합니다. 달리 말해, 사회화된 생물학적 개인은 사회적인 것이 개체화된 산물du social individué이라 할 수 있습니다.

그런데 이는 행동의 주체라는 문제, 즉 '주체가 의식적인가 아닌가?'에 관한 질문이 아닙니다. 그런 질문은 얼마든지 제기될 수 있겠지만, 여기서 우리의 초점은 다릅니다. 이제 선생님이 제기한 질문으로 되돌아가 보지요. 개인은 어떻게 발생할까요? 어떤 사회적 조건 아래에서 근본적인 선호 구조가 형성될까요? 이는 결국 '모든 것이 그렇게 일찍 결정되는가?' 하는 질문인데, 사실 엄청나게 복잡한 문제이지요. 제가 볼 때는 상대적인 비가역성이 존재합니다. 여기에는 논리적이면서도 꽤나 단순한 이유가 있는데요. 외부의 온갖 자극과 경험은 매 순간 [과거에] 이미 구성된 범주를 통해서 지각되기 때문입니다. 그래서 일종의 닫힘이 있는 것이죠. 예를 들어, 제가 볼 때 노화는 [정신]구조가 점진적으로 닫히는 현상으로 정의될 수 있습니다. 나이를 먹는 사람은 정확히 말해 정신구조가 점점 더 경직되는 사람입니다. 따라서 [외부의] 자극, 요청 등에 점점 더 무디게 반응합니다. 이런 정신구조는 유아 단계 초기에 형성됩니다. 예를 들어 남성/여성의 대립쌍이 그렇습니다.

저는 시카고[의 학술행사]에서 성차의 학습에 관한 발표를 들은 적이 있습니다. 어떤 심리학자의 실험 연구였는데, 저는 그 논문을 조만간 [프랑스 학계에] 소개할까 합니다.[5] 어린이집에서 아이들은 세 살 이전에, 다른 성별의 아이들과 어떻게 행동해야 하는지 배우게 됩니다. 남자아이건 여자아이건, 예를 들어 치고받기나 상냥한 태도와 같이, 우리가 아이들에게 기대하는 행동을 배우게 됩니다. 이런 사실을 살펴보면 정말 깜짝 놀라게 됩니다. 이런 메커니즘은 생애 초기에 자리 잡게 됩니다. 성별 분업의 메커니즘은 사실 매우 근본적인 구실을 하는데, 예를 들어 정치 영역에서 모든 대립쌍은 지배/복종, 위/아래 등의 성적인 대립쌍과 밀접히 관련됩니다. 만일 우리가 성별 분업의 이런 역할을 인정한다면, 그리고 성별 분업과 관련된 모든 신체적 지각도식들이 사회세계에 대한 지각을 결정적으로 조직한다고 간주한다면, 우리는 원초적 경험들이 어느 정도는 매우 강력하다고 믿을 수 있겠죠. 이와 관련해, 러시아의 위대한 사회심리학자 레프 비고츠키Lev Vygotsky는 학교 교육의 고유한 효과를 분석하려고 했습니다. 그는 장 피아제Jean Piaget에게서 영감을 받긴 했지만, 피아제가 본격적으로 다루지 않았던 사회발생적 차원에 초점을 맞춥니다.[6] 비고츠키는 굉장히 매력적인 이야기를 하는데요. 그가 출발점으로 삼는 언어의 사례는 일반화될 수 있습니다. 아이들은 자신의 언어를 아는 상태에서 학교에 옵니다만, 그런데도 문법을 다시 배우죠. [여기서 알 수 있듯이] 학교의 주된 효과 중 하나는 실천에서 메타-실천으로 이행하는 데 있습니다.

---

5   이는 다음의 논문을 가리키는 것으로 보인다. Judith Rollins, "Entre femmes", *Actes de la recherche en sciences sociales*, n.84, 1990, pp.63~77.
6   Lev Semionovitch Vygotski, *Pensée et langage*(1933), Éditions Sociales, 1985[『사고와 언어』, 이병훈 외 옮김, 한길사, 2013].

따라서 하비투스는 숙명이 아닙니다. 그것은 사람들이 흔히 저를 두고 해석하는 식의 불가피한 운명fatum이 아닙니다. 하비투스는 성향들의 열린 체계입니다. 그것은 경험들의 영향 아래 끊임없이 노출되고, 그런 경험들에 의해서 마침내 변화하게 됩니다. 여기까지 말한 다음, 이런 주장에 재빨리 수정을 가해야 합니다. 일련의 경험이 하비투스를 [변화시키는 대신] 강화할 개연성이 있습니다. 그러한 개연성은 특정한 사회적 조건에 연계된 사회적 숙명 속에 새겨져 있습니다. 달리 말해, 사람들은 자신의 하비투스를 형성한 경험들과 조화로운 방향으로 경험을 쌓아 가게 됩니다. 또 하나의 난점을 해소해 봅시다. 하비투스는 잠재성virtualité의 체계로서, 어떤 상황에 처해서만 드러나게 됩니다. 남들이 저를 두고 해석하는 바와 달리, 하비투스는 특정한 상황과의 관계 속에서만 무언가를 생산합니다. 그것은 스프링과 같지만, 방아쇠가 필요한 것이죠. 게다가 상황에 따라 하비투스는 정반대로 작용할 수 있습니다.

바로 하나의 사례를 들어 보죠. 이는 주교집단에 관한 제 연구에서 가져온 것입니다.[7] 또한 이는 역사학자들과 깊은 관련을 갖습니다. 저는 종단연구에 필요한 모집단에 접근했습니다. 주교들은 매우 오래 사는 집단이고, 그래서 저는 35세 주교와 80세 주교를 공시적으로 함께 연구할 수 있

---

7 [옮긴이] Pierre Bourdieu & Monique de Saint-Martin, "La sainte famille. L'épiscopat français dans le champ du pouvoir", *Actes de la recherche en sciences sociales*, n. 44/45, 1982, pp. 2~53 참조.

었습니다. 종교 장의 상태가 완전히 달랐던 시기, 예를 들어 1933년, 1936년, 1945년, 1980년에 주교가 되었던 각각의 사례를 만날 수 있었죠. 저는 사회적 출신, 예를 들어 귀족 집안의 자제인지 여부를 조사했습니다. 귀족의 자제는 1930년대라면 모Meaux의 주교가 돼서, [중세사가] 조르주 뒤비가 저작에서 일깨웠던 봉건적 귀족 전통 아래 본당에서 교구 신자들에게 주교의 반지에 입 맞추도록 했겠죠. 그런데 오늘날에는 귀족 집안의 자식이 생드니Saint-Denis의 주교 자리에 앉아 급진적인 빨갱이 노릇을 합니다.[8] 흔히 귀족적 하비투스는 평범한 것, 진부한 것, 소소한 것, 프티부르주아적인 것에서 거리를 둡니다. 그런데 이런 똑같은 하비투스가 정반대 상황에서 정반대 효과를 생산하는 것이죠. 만일 우리가 하비투스 개념을 제대로 파악했다면, 이 사실은 어렵지 않게 이해할 수 있습니다. 바꾸어 말해, 어떤 의미에서는 하비투스가 상황을 구성하고, 또 상황이 하비투스를 구성합니다. 이는 정말로 복잡한 관계입니다. 저는 제가 가진 하비투스에 따라, 주어진 상황 속의 특정한 무언가를 보거나 보지 못할 것입니다. 그리고 이 무언가를 보거나 보지 못함에 따라, 저는 다시 제가 가진 하비투스에 맞게 특정한 무언가를 하거나 하지 않도록 부추겨질 것입니다. 이는 극도로 복잡한 관계죠. 그래서 통상적인 개념들, 예를 들어 주체,

---

8 [옮긴이] 파리의 동쪽에 위치한 도시인 모는 전통적으로 가톨릭 내부 개혁파(복음주의)의 중심지였다. 파리 북부의 교외인 생드니는 빈민가가 밀집해 있으며 좌파 성향이 강한 지역이다.

의식 등을 통해서는 사유될 수 없습니다.

샤르티에 선생님은 이 개념을 역사학에서도 사용할 수 있다고 보는지요? 선생님의 얘기를 들으면서, 우리는 하비투스 개념을 자주 사용하는 다른 저자들과의 유사성과 차이점에 놀라게 됩니다. 특히 노르베르트 엘리아스Norbert Elias가 그렇습니다. 선생님과 마찬가지로 엘리아스는 사회학자이면서, 어떤 면으로는 역사학자입니다. 저를 포함한 역사학계의 많은 사람이, 장기적 역사과정très longue durée 속에서 정신 범주들이 어떻게 변화할 수 있는지, 좀 더 깊게는 개인들의 심리경제 전체가 어떻게 변할 수 있는지에 관심을 가졌는데, 엘리아스의 성찰이 많은 도움을 주었죠. 특히 이런 질문이 중요했습니다. '정신분석학이 다루는 대상이 역사화될 수 있는가?' 선생님이 보기에 이는 가능한 관점입니까? 이런 관점에서 우리는 장기적 역사과정이라는 [엘리아스의] 개념을 채택합니다. 그런데 선생님의 분석에서는 이런 개념이 거의 등장하지 않습니다. 대신에 '현재의' 우리 사회에서 지각, 평가, 행동의 도식을 생성하는 하비투스가 분석의 초점이 됩니다. 이는 장기적 역사과정이 어떤 면에서는 실재의 복잡성을 뭉개 버릴 수 있는 관점이며, 너무 거시적이고 목적론에 치우친 관점이라서 선생님이 거부한다는 뜻인가요? 아니면 선생님의 연구대상이 비록 역사적 차원을 갖기는 하지만, 정의상 장으로 구성된 공간에 속하기 때문에, 다시 말해 내기물, 대립, 궤적을 둘러싸고 일정한 시기에 형성된 사회적 공간에 있기 때문에 장기 지속의 역사라는 개넘이 굳이 필요 없다는 단순한 이유 때문인가요?

부르디외 굉장히 어려운 질문인데요. 사실 저는 거대한 경향적 법칙에 대해서 일종의 의구심을 갖고 있습니다. 체계적이고 방법론적인 이유에서 저는 그런 법칙을 거의 믿지 않아요. 반면에 그것은 마르크스주의와 포스트마르크스주의 진영에서는 인기를 끌었고, 일부 사회학자와 역사학자에게 언제나 유혹으로 다가옵니다. 저는 학생들을 가르칠 때 직업적 반사신경을 심어 주려고 하는데, 그중 하나는 이전/이후 같은 비교를 불신하는 데 있습니다. 예를 들어, 1945년보다 1940년이 더 나았는가? 어느 쪽이 더 민주적인가, 혹은 덜 민주적인가? 이런 식의 전후 비교를 우리는 경계해야 합니다. 교육체계와 관련된 전형적 사례가 있습니다. [두 시기를 비교할 때] 우리는 사실 완전히 다른 두 가지 [교육] 구조를 다루고 있으며, 서로 다른 구조에서는 동일한 통계, 예컨대 노동자 자녀의 진학률이 전적으로 다른 의미를 가질 수 있습니다. 그런데도 사람들을 이런 사실을 제대로 고려하지 않은 채 [진학률만 가지고] 민주화를 주장하는 허구적 문제에 몰두합니다.

저는 그런 식의 비교에 대해서, 더구나 거대한 경향적 법칙에 대해서 경계심을 가져야 한다고 자주 권고합니다. 베버가 말하는 합리화 과정도 마찬가지고, 엘리아스가 어느 정도 발전시킨, 국가에 의한 물리적 폭력의 독점화 과정도 예외는 아니죠. 거기에는 실제로 목적론의 위험이 있으며, 단순 묘사를 설명으로 치환하는 경향도 있습니다. 저는 푸코의 '감금' 개념 역시 염두에 두고 있는데요. 이런 개념들이 저를 좀 불편하게 만듭니다.

그렇기는 해도 저는 이렇게 말하고 싶군요. 이런 문제틀 중에서 엘리아스의 문제틀이 가장 공감이 간다고 말이죠. 그는 국가 형성이라는 실제의 거대한 과정에서 자신의 역사진화론적인 사회심리학을 추구합니다. 국가는 물리적 폭력(저는 여기에 상징폭력을 추가합니다)을 시작으로 온갖 형식의 권위를 독점하면서 구축됩니다. 일례로, 교육체계는 누가 똑똑하고 누가 멍청한지 선언할 수 있는데, 이런 발언권을 독점하는 거대한 진보의 과정이 결국은 교육체계를 형성합니다. 이런 과정은 제가 하비투스라고 하는 것, 그리고 역사학자들이 다소 애매하고 위험한 용어로 심성이라고 하는 것에 영향을 미치지 않을 수 없어요.

자, 여기서 또 다른 문제가 제기됩니다. 더 정확히는 [정신분석학적] 검열censures 형성의 사회적 조건이라는 문제가 있습니다. 우리는 스포츠처럼 간접적인 지표를 사용해, 특정한 사회 안에서 폭력이 얼마나 적법하게 허용되는지 분석할 수 있습니다. 저는 이런 작업 또는 연구 기획이 매우 가치 있다고 생각합니다. 이런 측면에서 엘리아스는 다시 한 번 훌륭한 참조점이 됩니다. 그는 스포츠에 대해서 탁월한 개관을 제시합니다.[9] 폭력은 물리적 폭력만이 아니라, 상

---

9 Norbert Elias, "Sport et violence", *Actes de la recherche en sciences sociales*, n.6, 1976, pp.2~21[「스포츠와 폭력에 관한 에세이」, 노르베르트 엘리아스·에릭 더닝, 『스포츠와 문명화』, 송해룡 옮김, 성균관대학교 출판부, 2014, 290~330쪽].

징폭력, 모욕 등 갖가지 형태 속에서 탐구될 필요가 있습니다. 이런 점에서 [엘리아스식] 연구 프로그램은 많은 장점을 가집니다. 그리고 이런 면에서 매우 흥미로운 연구들이 있습니다. 예컨대 클라브리Élisabeth Claverie와 라메종Pierre Lamaison의 작업이 있지요.[10] 이들에 따르면 농경사회 안에서는 특정한 유형의 폭력이 언제나 존재했으며, 우리가 이런 상징적이고 물리적인 폭력의 중요성을 알지 못하면, 그런 사회에서 작동하는 수많은 메커니즘에 대해서도 결코 이해할 수 없습니다. 카빌리 사회도 다르지 않습니다. 이런 사회에서 모욕은 생명에 위협을 가할 수 있습니다. 이런 사실을 모른다면 우리는 명예 중심의 모든 문명을 절대로 이해할 수 없습니다. 예컨대 저는 지식인들이 누군가를 모욕할 때 자기 목숨을 걸어야 한다면, 그들의 삶이 완전히 변하지 않을까 상상하곤 합니다. 상징적인 인격살해는 말할 것도 없겠죠……

샤르티에 제가 보기에 스포츠는 하비투스가 어떤 조건 아래 변형될 수 있는지, 그러니까 파괴 없는 대결, 살상 없는 충돌이 어떤 조건에서 가능한지에 관해 알려 줍니다. 이런 측면에서 우리는 스포츠 사례를 좀 더 살펴볼 여지가 있습니다. 게다가 스포츠의 사례는 선생님의 작업이 제시하는 또 다른 근본 개념, 즉 '장' 개념을 적절히 자리매김할 수 있게 해

10　Élisabeth Claverie & Pierre Lamaison, *L'Impossible mariage, Violence et parenté en Gévaudan*, Hachette, 1982.

줍니다. 논의를 시작하면서 선생님은 하비투스가 자체의 내재적 속성에 따라 작동하지만, 반드시 그런 것은 아니라고 말했습니다. 하비투스는 실행되는 장소에 따라 작동이 달라집니다. 만약 장이 달라진다면, 동일한 하비투스가 상이한 효과를 생산하게 됩니다. 제가 보기에 이런 장 개념은 불연속성을 사고하게 도와줍니다. 우리는 여기서 명목론의 문제를 만나게 됩니다. 다시 말해 우리는 제도, 대상, 실천을 지시하기 위해 과학적이건 아니건 간에 단어들을 필요로 합니다. 그런데 이런 단어들은 [시간이 지나도] 같은 것으로 남아 있으면서도, 그 [의미론적] 안정성 뒤에서 [역사적으로 상이한] 특수한 결합태configurations spécifiques를 지시하게 됩니다.[11] 우리는 이를 정치와 관련해 논증할 수 있습니다. 한편으로 우리는 정치적인 것이 언제나, 어떻게 존재했는지 증명할 수 있습니다. 그러나 다른 한편 오늘날 우리가 말하는 정치는 모종의 쟁점들, 그리고 특정한 공론장 유형의 형성과 역사적으로 관련됩니다. 우리는 이런 사실도 분명히 증명할 수 있습니다. 스포츠의 경우에도 동일한 현상이 관

---

11   [옮긴이] 참고로, 여기서 샤르티에가 말하는 '결합태'는 엘리아스 사회학의 용어로 보인다. 엘리아스는 개인과 사회가 마치 상호 분리된 대립적 실체인 양 인식하는 오류에서 벗어나고자 '결합태'라는 개념을 제안한 바 있다(그 독일어 원어인 'Figuration'은 프랑스어로 'configuration'으로 번역된다). 그것은 사람들 간의 복합적이고 과정적이며 상호의존적인 관계 구조를 가리키는 개념으로, 부르디외가 말하는 장과도 유사하다. 샤르티에는 독창적인 역사사회학의 영역을 개척한 엘리아스의 저작들에 큰 관심을 기울였고, 『개인들의 사회』*La société des individus*, 『참여와 거리두기』*Engagement et distanciation*, 『스포츠와 문명』*Sport et civilisation* 등의 번역본에 상세한 해제를 달기도 했다.

찰됩니다. 신체들이 서로 격돌하는 물리적 활동은, 마야 문명에서 현재까지 언제나 존재해 온 것이죠. 하지만 오늘날 우리가 알고 있는 스포츠 공간은 특정한 시기, 아마도 18세기 말 영국에서 탄생하게 됩니다. 이 대목에서 역사학자의 문제틀과 사회학이 완전히 얽히게 됩니다. 그러한 [정치, 스포츠 등의] 공간은 행위자들의 위치, 궤적, 경쟁을 연구자가 가늠할 수 있을 정도로 충분히 통합된 [역사적] 사회공간입니다. 이런 공간이 어떤 조건에서 출현하는지 사회학만이 아니라 역사학에서도 분석할 수 있는 것이죠.

부르디외 그 점이 저를 엘리아스와 가깝게 하면서 동시에 멀어지게 합니다. 엘리아스는 저에 비해서 훨씬 더 연속성에 민감합니다. 제가 볼 때는 그렇습니다. 스포츠 사례를 들자면, 고대의 올림픽에서 현재의 올림픽까지 연속적 계보를 구축할 수 있습니다. 수많은 스포츠사가가 그렇게 하는데요, 저는 이런 작업에 위화감을 느낍니다. 외양상 연속성이 존재하지만, 이는 19세기에 일어난 거대한 단절을 은폐합니다. 그 당시 영국에서 엘리트 기숙학교가 유행했고, 교육체계가 변화했으며, 스포츠 공간이 출현했습니다…… 달리 말해, 술la soule[12]과 같은 전통 게임과 근대 축구 사이에는 공통점이 없습니다. 전혀 없어요. 이는 완전한 단절입니다.[13] 예술가에 대해서도 우리는 동일한 문제를 발견합니다.

12　[옮긴이] 술은 프랑스에서 축제일 같은 때 마을 간에 전통적으로 행해진 공놀이를 가리킨다.

정말 놀랍게도 이것은 사실입니다. 흔히 사람들은 미켈란젤로와 율리우스 2세 사이의 관계가 피사로Camille Pissaro와 강베타Léon Gambetta 사이의 관계와 같다고 말하고 싶어 합니다. 그러나 사실은 엄청난 불연속이 존재하며, 불연속성의 기원 또한 존재합니다.[14] 바로 그 지점에서 문제가 흥미로워집니다. 스포츠의 경우, 기숙학교 등과 관련해서 불연속성이 날카롭게 등장합니다.

샤르티에 18세기에서 19세기로 넘어갈 무렵 영국에서 말이지요.

부르디외 그렇습니다. 반면 예술 장에서는, 우리의 인상이 옳다면, 장의 형성이 매우 천천히 진행됩니다. 예술 장의 구성은 [15세기 이탈리아 초기 르네상스인] 콰트로첸토Quattrocento 무렵에 시작되거나, 어쩌면 그 이전에 시작되었습니

---

13 [옮긴이] Pierre Bourdieu, "Program for a sociology of sport", *Sociology of Sport Journal*, n.5, 1988, pp.153~161 참조.
14 [옮긴이] 16세기 이탈리아 르네상스의 거장 미켈란젤로는 교황 율리우스 2세 치하에서 작업했고, 19세기 후반 인상주의의 최연장자였던 화가 카미유 피사로는 프랑스 제3공화국의 창건자인 레옹 강베타 시절에 활동했다. 율리우스 2세나 강베타는 예술가들을 지원한 정치권력이라는 공통점이 있지만, 부르디외는 이들의 후원patronage에 마치 역사적 연속성이 있는 것처럼 이해해서는 곤란하다고 지적한다. 예컨대, 율리우스 2세가 예술가들과 직접적인 주종 관계를 맺고 작품제작을 주문했다면, 강베타는 정부에 예술부를 설치하고 작품을 공식 주문했기 때문이다. 이처럼 부르디외는 서로 다른 시대의 표면적인 유사성에 사로잡히는 대신, 예술 장의 점진적 형성과 그에 따른 정치권력-시장-예술가 관계의 변화 양상을 고려해야 한다고 주장한다.

다. 그리고 연속적인 붓질을 하듯이 조금씩 장이 발전합니다. 예술가의 서명이 발명되고, 그 이후 그림의 가격과는 별개로 다른 기준에 따라 예술작품이 평가받습니다. 비평이 발전한 것이죠…… 그리고 마네와 인상주의 혁명이 도래했습니다. 이와 함께 실질적으로 예술 장이 명실상부한 하나의 장으로 기능하게 됩니다. 다시 말해서 우리가 예술가에 관해 논할 수 있는 진정한 장이 탄생한 것이죠. 문학 분야에 대해서도 우리는 동일한 분석을 할 수 있습니다. 역설적으로 들릴지 모르지만, 플로베르 이전에는 예술가 자체가 존재하지 않았다고 말할 수도 있지요. 여기서 저는 의도적으로 과장을 하고 있습니다. 역사학자들이 충격을 받도록 말입니다. 미켈란젤로가 예술가라는 식의 주장은 시대착오[의 오류]를 범하는 일입니다. 물론 역사학자들이 그렇게 순진하지는 않겠죠. 실제로 그들은 [시대착오] 문제에 스스로 도전합니다. 그런데 제가 보기에는 그들이 문제제기를 할 때 쓰는 용어는 너무 소박합니다. 역사학자들은 이렇게 질문을 던집니다. "장인artisan은 언제부터 예술가artiste로 변모했는가?" 그런데 예술가는 사실 장인에서 탄생한 것이 아닙니다. 실제로는 하나의 소우주에서 다른 소우주로의 이행이 일어난 것이죠. 이행 이전의 소우주에서 사람들은 경제의 규범에 따라 무언가를 생산합니다. 거기에서는 일반적인 [상품] 생산의 규범을 따릅니다. 반면에 이행 이후의 소우주는 경제세계 내부에서 하나의 고립된 독자적 소우주, 일종의 전도된 경제세계입니다. 거기서는 사람들이 시장 없이 무언가를 생산합니다. 즉 그들은 어떤 경우엔 평생

동안 한 작품도 팔리지 않을 것이라는 사실을 알면서도 생산합니다. 또 그들은 작품을 생산하기 위해서 자본[특히 문화자본]을 충분히 갖춰야 합니다. 말라르메를 비롯한 수많은 시인의 경우가 그랬죠. 좀 더 깊은 분석이 필요하지만, 대체로 1880년대 이전의 시기에 예술가나 작가écrivain라는 개념을 투사할 때, 우리는 엄청나게 부정확한 용어를 쓰는 야만을 저지르는 셈입니다…… 그래서 우리는 인물personnage의 출현이 아니라 장의 발생을 보는 데 실패합니다. 즉 그런 인물이 예술가로 존재할 수 있는 장의 발생을 보지 못하는 것이죠.

샤르티에 사회학자나 역사학자들이 엘리아스를 읽게 되면, 장들의 점진적 구성 과정에서 국가가 어떤 역할을 하는지, 권력 행사의 양식들이 어떤 역할을 하는지 분명히 성찰하지 않을까요? 제가 보기에, 사회사건 심성사건 간에 일부 역사학은 이런 역할에 관심이 없습니다. 사회학 가운데 일부 학파도 이런 역할에 신경을 쓰지 않아요. 장들은 사회의 총체 속에 자리 잡고 있지만, 어떤 사회학은 이런 관계를 무시하고 각각의 장을 분리해서 기술합니다. 제가 보기에, 선생님의 작업은 바로 이 대목에서 특히 중요합니다. 어떤 경우에는 장들이 그 자체로 국가의 발현으로 묘사됩니다. 예를 들어 후견 시대의 '예술적' 실천이 그렇지요. 다른 경우에는 이런 장들이 19세기의 사례처럼, 정치적인 것의 영역 바깥에 비교적 독립적인 공간으로 구성됩니다. 어쨌든 선생님의 저작에서 장들은 언제나 국가와의 관계 속에서 형성됩니다. 이런 측면에서 선생님의 작업이 제게는 매우 특별해 보입니다.

부르디외 네, 그렇습니다. 하지만 저는 여기서 또다시 엘리아스와 어긋나게 됩니다. 왜냐하면 제 시각에서 그는 베버주의자이며, 방금 그의 장점으로 꼽은 것은 사실 베버의 장점과 일치하기 때문입니다. 제가 이렇게 말한다고 해서 엘리아스의 업적이 축소되는 것도 아니고, 제가 그런 의도로 말한 것도 아닙니다. 위대한 학자가 창안한 도식이 있다면, 우리는 그것을 완전히 활용해야 합니다. 이런 활용 자체가 이미 탁월한 과학적 행위입니다. 만일 모든 학자가 자신의 학문적 선조에 필적하게 된다면, 오늘날 과학은 지금과 완전히 다른 수준이 되겠지요. 적어도 사회과학은 그렇게 될 가능성이 높습니다. 그렇기는 해도 저는 우리가 만일 국가에서 출발한다면, 국가의 진정한 역할에 대해 이해할 수 없을 것이라고 봅니다. 한 예로, 제가 연구한 예술 장에서 인상주의 혁명은 국가에 맞서서, 그러니까 아카데미Académie에 맞서서 일어나지만, 이와 동시에 국가와 더불어 일어납니다. 달리 말해, 국가의 문제를 제기하기 위해서 우리는 먼저 장들이 어떻게 작동하는지 알아야 합니다. 특히 우리는 경제 장에 대해 독립적인 소우주들이 어떻게 창출되는지 알아야 합니다. 결국에 국가는 메타-투쟁의 장소, 즉 장들에 대한 권력을 둘러싼 투쟁의 장소가 됩니다. 매우 추상적인 말로 보이지만, 저는 이를 실제로 논증할 수 있습니다. 예를 들어, 법률 제정을 두고 벌어지는 투쟁이 있습니다. 주택가

격이나 은퇴연령을 변화시키기 위해서 말이지요. 이는 장들을 가로질러 일어나는 투쟁이지만, 세력관계를 재편하는 투쟁이기도 합니다.[15]

---

15 [옮긴이] 부르디외는 메타투쟁의 장소이자 상징폭력의 정당한 독점체로서의 국가라는 아이디어를 저작 『국가귀족』과 1989~1992년의 콜레주드프랑스 강의에서 상세하게 발전시켰다. Pierre Bourdieu, *Sur l'Etat*, Seuil/Raisons d'Agir, 2012 참조.

5장

마네, 플로베르, 미슐레

샤르티에 최근에는 선생님의 작업에서 조금은 예상치 못한 경향이 나타납니다. 특히 플로베르, 마네에 관한 작업에서, 그리고 문학 장, 회화 장, 미학 장의 구체적인 형성에 관한 연구에서 이런 경향이 확인됩니다. 해당 연구들에서는 개인성이 훨씬 더 강조되고 매우 고상한 대상이 연구의 전면에 등장합니다. 이런 방향 전환은 전통적으로 사회학에 속한 것, 특히 선생님이 수행하신 작업들, 예컨대 지루한 계량화, 복잡한 통계치, 하찮은 것들에 관한 관심에서 스스로 거리를 두는 행동이 아닌지요? 이는 기존의 인정 체계, 정당화 방식에 순응하는 일이 아닐까요? 구별짓기에 관한 책에서 선생님은 특별하지 않은 대상, 이를테면 아주 평범한 취향이나 음식 소비 등에 초점을 맞추었습니다. 한데 그랬던 분이 이제는 가장 큰 정당성을 갖춘 대상[즉 고상한 소재]을 향해 갑니다. 이는 기존의 정당한 대상을 연구하고, 이를 통해 자신의 작업 전체에 정당성을 주입하려는 일종의 술책 아닌가요? 이제 선생님은 작업의 '탁월성'이 아니라 대상의 '탁월성'을 선택하고 계시는데, 이는 결국 선생님 자신이 제시하신 몇몇 분석[1]에 스스로 굴복하는 행동이 아닐까요?

부르디외 어떤 사람들은 분명히 제 변화가 노화, 그리고 사회적 공인consécration과 관련되어 있다고 지적할 테죠······ 노화건 공인이건 간에 거기에는 학자들이 진화 과정에서 겪게 되는 공통의 법칙이 있습니다. 노화는 결코 생물학적 현상이 아닙니다. 공인은 대체로 연구대상의 변화를 초래합니다. 즉 사람들은 어떤 장에서 더 큰 공인을 받을수록, 더 많은 야심을 갖기 마련입니다. 예를 들어 학자들은 [명성을 얻게 되면] 두 번째 경력을 시작하는데, 대개는 철학자가 됩니다. 제 생각에 저는 그렇지 않아요. 세 경우는 제가 수행해 온 작업의 논리 그 자체로 인해 방금 말한 연구들에 이끌린 것이죠. 우리는 선생님이 언급한 목록에 하이데거를 추가할 수 있습니다. 그는 [제가 연구한] 또 다른 중요한 사상가입니다. 실제로 마네, 플로베르, 하이데거는 우리가 굳이 [문화생산자들 사이에] 순위를 매기려 든다면, 가장 화가다운 화가, 가장 작가다운 작가, 가장 철학자다운 철학자라고 평가할 수 있습니다. 그렇다면 저는 왜 이런 대상을 연구하게 되었을까요? 제 작업이 추구한 평소의 논리 때문에, 이런 인물들을 연구한 셈이죠. 특히 저는 언제나 장의 발생 과정

---

1 [옮긴이] 여기서는 학자가 사회적 위계상 높은 위치에 있는 대상을 연구함으로써 더 많은 상징이윤을 취하는 전략에 대한 부르디외의 분석들을 가리키는 것으로 보인다. 예컨대, 문학연구자라면 장르소설보다는 고전소설이나 순수소설을 연구하는 편이 더 높게 평가받을 개연성이 크기에 그런 연구대상을 선택한다는 것이다.

에 관해 이해하고자 했는데, 제 시각에서 플로베르와 마네는 근본적으로 장의 창설자라고 일컬어질 수 있습니다.

저는 마네의 예를 들고 싶은데, 그가 가장 명료한 사례를 제공하기 때문입니다. 프랑스에서는 아카데미 회화, 즉 국가의 회화가 있었죠. 마찬가지로 국가의 화가, 공무원 화가들이 있었는데, 악의 없이 말하자면 이들이 회화와 맺는 관계는 철학교수들이 철학과 맺는 관계와 다르지 않았습니다. 즉 이들은 화가로 경력을 쌓았고 시험을 거쳐 뽑혔으며 예비학교를 다녔는데, 이런 학교는 그랑제콜 준비반과 정확히 같은 구실을 했습니다. 신고식이 있었고 학생들은 평준화를 겪었으며 수준이 퇴보했고 선발 제도가 있었죠. 그런데 어떤 인물, 바로 마네가 등장합니다. 마네 역시 예비학교를 거쳤는데, 이는 매우 중요한 사실입니다. 고대 유대교에 관한 책에서 베버 역시 비슷한 말을 슬쩍 내놓습니다.[2] 우리가 언제나 잊고 있지만, 예언자는 사제들 사이에서 출현한다는 것입니다. 위대한 이교도의 창설자는 교부들이 자기들 세계에서 일상적으로 말하는 바를 거리에서 말합니다. 그와 같은 인물이 예언자입니다. 마네가 이런 사례에 속합니다. 그는 (절반은 아카데미풍의 화가인) 쿠튀르Thomas Couture[3]의 제자로 들어갔는데, 쿠튀르의 아틀리에에서 곧

---

2 Max Weber, *Le Judaïsme antique*, trad. Isabelle Kalinowski, Les Champs, Flammarion, 2010[*Ancient Judaism*, New York: Free Press, 1967].
3 아카데미 미술의 테두리 안에서 절충주의적 양식을 구사한 화가로 손꼽히는 토마 쿠튀르(1815~1879)는 역사화와 초상화를 주로 그렸다.

바로 문제를 일으키죠. 마네는 모델을 앉히는 방식, 옛날식 포즈, 이 모든 것을 비판합니다…… 그리고 그는 정말로 유별난 짓을 하기 시작합니다. 고등사범학교 시험에서 탈락한 우수한 학생이 그런 처분을 일종의 저주로 내면화하는 대신, 그 학교 자체에 도전하고 문제를 제기할 수 있습니다. 이런 경우를 우리는 대학세계에서 자주 볼 수 있지요. 이 유형의 학생들과 마찬가지로, 마네 역시 자기 나름의 근거 위에서 [아카데미] 세계에 도전하고 이의를 제기합니다. 이는 이교 종파의 교주가 되는 문제입니다. 이교의 창설자는 [아카데미라는] 교회에 맞서 새로운 정당화 원리, 즉 새로운 취향을 개시합니다. 그런데 이런 취향은 내세 어떻게 출현할까요? 중요한 문제는 바로 이 같은 질문에 있습니다. 마네의 경우, 예컨대 그의 자본, 출신, 가족, 특히 그의 사회적 관계망, 친구 집단 등에 어떤 특징이 있을까요? 제가 연구하고 있는 것은 정말 이상하게도 역사학자들이 시도하지 않았거나 설령 했더라도 순전히 일화적인 묘사에 그친 그런 부분입니다. 저는 마네와 그의 부인이 어떤 사람들과 교류하며 친분을 쌓아 갔는지, 그 세계를 분석합니다. 그의 부인[쉬잔 마네Suzanne Manet]은 피아노 연주자로 활약했고 당대의 아방가르드였던 슈만Robert Schumann을 연주했습니다. 제 연구는 아주 근본적인 한 가지 문제를 풀어 가는 방식으로 이

그는 고리타분한 살롱 예술을 제자들에게 강요하지 않는 분별력과 균형 감각 덕분에, 마네를 비롯한 여러 예술가에게 교육자로서 큰 영향을 끼쳤다.

루어집니다. 그러니까 대학 제도나 아카데미 제도 같은 어떤 제도 바깥으로 뛰쳐나가는 사람은 아무것도 없는 텅 빈 공간 속으로 들어간다는 문제 말입니다. [그런 상황에서 그는 어떻게 혁명가가 될 수 있을까요?]

저는 우수한 학생이 시험에 떨어지고서 어떤 극적 경험을 하는지 언급했습니다. 우리 청취자 가운데서도 많은 분이 이런 경험을 해 보셨을 겁니다. 적어도 간접적으로는 아시겠죠. 이렇게 말해 보죠. 시험에 낙방한 그 학생은 어떤 문제를 만나게 될까요? 일단은 자신을 탈락시킨 제도에 도전할 생각을 못 할 겁니다. 감히 그럴 엄두조차 내지 못하겠죠. 그런데 조금 있다가 반발심이 생깁니다. 바로 그 순간, 그는 무無 속에 던져진 자기 자신을 발견하게 됩니다. 마네가 그랬죠. '아카데미 회화를 하지 않는다면, 내가 더 이상 존재할 수 있을까?' 사람들은 이렇게 말할 테지요. "그는 원근법도 몰라!" 물론 그는 원근법을 알고 있었고 일부러 무시한 겁니다. 어떻게 하면 이런 사실을 증명할 수 있을까요? 이교 창설자는 고독합니다. 또한 파문에 맞서기 위해서 배짱이 필요합니다. 이런 온갖 문제를 풀기 위해 우리는 마네가 어떤 자원에 의존했는지 알아야 합니다. 이런 자원은 심리적 특성처럼 여겨지지만, 사실은 사회적 토대를 갖습니다. 마네는 자신의 친구들, 예술적 관계망 등에 의존합니다. 이것이 제가 하는 작업입니다. 저는 가장 개인적인 것에서 출발해 가장 개인적인 것으로 나아갑니다. 이는 마네의 특수성에 초점을 맞추면서 그가 자신의 부모와 어떤 관계를 맺었고 친구들과는 어떤 친분을 가졌는지, 이런 관계들에서 여성은 어떤 역할을 했는지 등을 조사하는 것이죠…… 그와 동시에 저는 마네가 위치한 공간을 연구합니다. 이를 통해서 근대 미술art moderne의 출발을 이해하는 것이죠. 오늘날 많은 사람이 모더니즘modernisme을 논하는데, 이전에는 근대 미술이 무엇인지 질문하곤 했지요……

샤르티에 맞습니다. 하지만 근대 미술은 회화의 생산 장이 성립하는 문제와 완전히 동일하지 않습니다. 이런 장에는 근대 미술과 무관한 [예술적 실천을 하는] 사람들이 나름의 위치를 갖습니다. 따라서 회화 장의 전체 구성에는 필연적으로 다른 결정요인들이 작용합니다. 선생님은 혹시 마네가 날린 [예술적] 벼락이 [문화생산자들의] 전체 위치 체계를 재편했다고 보시는 건가요? 그런 식으로 해서 회화 장이라는 새로운 공간 안에서 서로 대립하는 위치들이 공존하게 되었다는 말인가요?

부르디외 선생님이 적절하게 제 오류를 바로잡아 주시네요. 제가 고독한 혁명가나 배제되고 고립된 혁명가라는 아주 고전적 시각을 준 것 같은데요, 이는 잘못된 시각입니다. 선생님이 말씀하신 내용이 그대로 맞습니다. 마네가 만든 세계에서 사람들은 누가 화가인지, 어떤 그림이 좋은 그림인지 더 이상 말할 수 없습니다. 거창한 단어를 쓰자면, 아카데미가 지배하는 통합된 사회세계에서는 하나의 노모스nomos, 즉 근본적 법칙과 분할의 원리가 존재합니다. 그리스어 노모스는 나누다, 분할하다를 뜻하는 동사 네모nemō에서 나왔습니다. 우리는 사회화 과정에서 많은 것을 얻습니다. 그중에 분할의 원리도 있는데, 이는 동시에 시각의 원리가 됩니다. 예를 들어 여성적/남성적, 습한/건조한, 뜨거운/차가운 등이 그렇지요. 잘 통합된 아카데미 세계는 이렇게 말합니다. "이 사람은 화가이고 저 사람은 화가가 아니다." 이 사람은 '보증'되었기 때문에, 국가가 화가라고 말했기 때문에, 화가로서 인증받았기 때문에 화가입니다. 이것이 아카데미죠. 이런 상황에 마네가 일격을 날린 겁니다. 그때부터 더 이상 누가 화가인지 아무도 말할 수 없게 됩니다. 달리 말해, 우리는 노모스에서 아노미anomie로 이행한 셈입니다. 이제 모든 사람이 정당성[혹은 인정체계]을 놓고 정당하게 투쟁할 수 있는 세계로 옮겨 간 것이죠. 한편에 "나는 화가입니다"라고 주장하는 사람이 있다면, 다른 한편에는 언제나 이렇게 주장하는 사람이 있습니다. "아니요. 당신은 화가가 아닙니다. 저는 제가 주장하는 정당성의 이름으로 당신의 정당성에 도전할 수 있습니다." 그리고 어느 쪽도 서로의 도전을 피할 수 없습니다.[4]

샤르티에 그게 바로 선생님이 근대 미술 장과 관련해 내리시는 정의인가요?

---

4 [옮긴이] 피에르 부르디외, 「아노미의 제도화」, 신혜영·이상길 옮김, 『인문예술잡지 F』, 5호, 2012, 77~102쪽; Pierre Bourdieu, *Manet: Une révolution symbolique*, Seuil/Raisons d'Agir, 2013 참조.

부르디외 네, 그렇습니다. 과학 장도 같은 유형의 장이죠. 그것은 정당성이 문제가 되는 세계입니다. 거기서는 정당성을 둘러싼 투쟁이 전개됩니다. 사회학자는 언제나 도전에 처합니다. 사회학자로서 그의 정체성이 언제나 문제시될 수 있지요. 게다가 장이 발전할수록, 그 장에 특수한 자본이 축적될수록 다른 화가의 정당성에 도전하려는 사람은 그 자신이 화가로서의 특수한 자본을 점점 더 많이 갖춰야 합니다. 예를 들어 오늘날 개념 미술가는 회화를 근본까지 의심합니다. 그들은 캔버스를 찢으면서 이런 도전을 선포했습니다. 그 이의제기 형식을 살펴보면, 그들은 유치한 우상파괴자와 달리 회학적인 방식으로 회화를 문제화합니다. 그런데 이를 적절히 행하기 위해서 그들은 회화의 역사에 통달해야 합니다. 엄청난 지식이 필요한 것이죠. 예술가가 수행하는 특수한 우상파괴는 예술 장에 대한 거의 완벽한 숙달을 전제로 합니다. 이는 분명히 역설이지만, 장과 더불어 생겨난 역설입니다. "그는 세 살짜리 우리 아들처럼 그림을 그린다"는 식의 순진한 발언은 그 장이 어떤 것인지 전혀 모르는 사람이나 할 법한 소리죠. 또 다른 예는 세관원 앙리 루소Henri Rousseau입니다. 그 역시 순진했지만 만일 장이 없었다면 이런 순진한 화가도 출현할 수 없었겠죠. 종교 장이 없다면 순진한 종교인이 탄생할 수 없는 것과 마찬가지입니다. 간단히 말해서 루소는 '다른 사람들을 위한' 화가, 대타적對他的 화가의 사례입니다. 피카소Pablo Picasso, 아폴리네르Guillaume Apollinaire[5] 등이 루소를 화가로 만드는데, 미술 장의 관점에서 그를 평가함으로써 그렇게 했죠. 하지만 루소는 자신이 무엇을 하는지 몰랐어요. 세관원 루소와 정반대 인물이 뒤샹Marcel Duchamp입니다. 그는 반드시 의도한 것은 아니지만 거의 완벽한 방식으로 예술 장의 법칙들에 통달했으며, 아노미의 제도화가 함축한 모든 자원을 철저히 활용한 사실상 최초의 인물이 됩니다.

샤르티에 그런데 동일한 관점이 사회과학의 구성에 적용될 수 있을까요? 특정한 학문이 하나의 분과로 성립할 때, 선생님이 방금 묘사한 회화 생산 장에 상응하는 과정이 나타날까요?

부르디외 일단 게임이 있어야 하고, 게임의 실천적 규칙이 있어야 합니다. 장은 게임을 아주 많이 닮아 있습니다. 하위징아Johan Huizinga는 게임에 관해서 많은 이야기를 했는데, 이는 장에도 똑같이 말해질 수 있습니다.[6] 그러나 [장과 게임의] 한 가지 주된 차이가 있습니다. 장에는 근본 법칙과 규칙이 있긴 하지만, 스포츠와 달리 규칙을 선언하는 협회가 없습니다. 거기엔 법칙을 제정하는 사람이나 심급도 없

---

5 [옮긴이] 기욤 아폴리네르(1880~1918)는 프랑스의 시인, 작가, 예술 비평가다. 그는 20세기 초 '큐비즘', '오르피즘', '초현실주의'란 용어를 최초로 만들었고 큐비즘 운동과 초현실주의를 옹호한 인물로 알려져 있다. 특히 그는 보들레르와 말라르메 같은 대시인들에게서 배우는 한편 그들의 그늘을 벗어나 독자적인 문학 세계를 확립함으로써 앙드레 브르통, 루이 아라공, 폴 엘뤼아르 등에게 많은 영향을 끼쳤다.
6 [옮긴이] 요한 하위징아, 『호모 루덴스』, 이종인 옮김, 연암서가, 2010 참조.

습니다. 결국 장에는 내재적인 규칙성, 제재, 검열,[7] 억압, 보상이 있지만, 이 모든 것이 결코 제정되어 있지는 않습니다. 예를 들어, 예술 장은 다양한 장들 가운데 제도화가 가장 약한 축에 속합니다. 그곳에는 다른 장에 비해서 공인의 심급이 거의 없습니다. 물론 비엔날레가 있긴 하지만, 과학 장이나 대학 장에 비해서 예술 장은 거의 제도화되어 있지 않은 편이죠.

이번엔 철학의 사례를 들어 보지요. 어떤 사람이 철학 게임에 들어가고 싶은데, 이른바 '나치'식의 관념을 갖고 있다면 어떻게 될까요? 이는 하이데거가 직면한 상황입니다. 철학 게임에 들어가기 위해 그는 철학계의 작동 법칙에 자기 자신을 맞춰야 합니다. 설령 의식적인 노력을 통해서가 아니더라도 말이죠. 장은 이런 식으로 존재합니다. 예를 들어 '반유대주의'는 '반칸트주의'가 됩니다. 사실 여기에는 여러 가지 매개 요인이 개입합니다. 하이데거가 [학계에] 등장할 때, 유대인들은 합리주의의 표상으로 칸트를 옹호했습

---

[7] [옮긴이] 여기서 부르디외가 말하는 '검열'은 어떤 권력 주체가 다양한 표현 활동을 감독, 심사한다는 뜻이 아니라, 문화생산자의 표현적 이해관심이 그가 속한 장의 논리에 의해 미리 결정되어 작동한다는 뜻이다. 따라서 검열은 언제나 구조적 검열이며, 표현적 이해관심과 그에 따른 표현 행위(글쓰기 등)에 일종의 상징폭력으로 작용한다. 예를 들어, 하이데거의 철학 용어는 일상 용어에서 유래했지만, 철학 장의 규범에 부합하기 위해 일정한 형식화 작업을 거쳐 조정된 표현과 의미를 갖는다. 즉 철학 담론은 철학 장의 구조적 검열에 따른 결과물이다. 영어판에서는 '검열' 대신에 '규제'control로 옮겼다. 부르디외의 검열 개념에 관해서는 다음 글을 참조할 수 있다. 피에르 부르디외, 『언어와 상징권력』, 김현경 옮김, 나남출판, 2014, 4부 2장.

니다. 흥미로운 사실은 장이 부과하는 이런 종류의 연금술에 있습니다. 만일 제가 나치식 관념을 말하고 싶은데, 여전히 철학자로 인정받고 싶다면 어떻게 해야 할까요? 그 관념을 [철학 장의 법칙에 맞추어] 철저히 변형시켜야 합니다. 하이데거가 나치인지 아닌지 하는 문제가 아무런 의미가 없어질 정도로 말입니다. 그는 분명히 나치죠. 정작 중요한 문제는 그가 어떻게 존재론의 언어 속에서 나치식 주장을 했는지 아는 데 있습니다.[8]

샤르티에 선생님이 제시하는 논리는 우리를 환원론의 순진한 사고틀에서 벗어나게 합니다. 사회적 위치와 구조 쪽에서 문화적 실천이나 생산 쪽으로 분석을 진행하면서, 역사학자는 다른 사람들 못지않게 생산과 위치를 직접적으로 연결하려고 했습니다. [다양한 매개 요인을 충분히 고려하지 않고] 두 항을 그냥 편리한 대로 접속시킨 것이죠. 어떤 경우에는 다른 누구보다도 역사학자들이 이런 식의 접속을 시도합니다. 그들은 개인 수준에서든, 아니면 집단 수준에서든 생산물과 생산자 개인을 단순히 기계적으로 연결했습니다. '민중문화' 양식에 관한 수많은 토론에서 이런 습성이 반복되었죠. 일련의 매개가 생략되고 [기계적] 연결이 확립됩니다. 그 결과 토론은 교착상태에 빠지게 됩니다. 그렇기

---

8 [옮긴이] 하이데거와 철학 장의 '검열'에 대한 분석은 다음의 책에 자세히 나와 있다. 피에르 부르디외, 『나는 철학자다: 부르디외의 하이데거론』, 김문수 옮김, 이매진, 2005.

때문에 제게는 선생님이 제시한 관념이 결정적 기여로 보입니다. 그러니까 장의 상태가 언어 안에서, 그리고 체계 안에서 '번역'과 '매개', '재편'을 강제한다는 주장 말입니다.

하지만 저는 하비투스 개념에 관한 논의에서 우리가 다룬 문제, 즉 '장기적 역사과정'의 문제를 여기서 똑같이 발견합니다. 장[의 발생] 이전에 대해 우리는 장[개념]을 가지고서 뭘 할 수 있을까요? 앞에서 설명했듯이 언어가 공통의 공간[즉 장] 안에서 조직되고 구성된다면, 그리고 이런 언어 속에서 특정한 발화가 가능한 것이라면, 비록 모순적이고 적대적인 위치들로 가득 차 있어도 이런 공통의 공간이 아직 없는 상태에서 그 당시 발화는 어떻게 가능할 수 있을까요? 사회세계에 관한 담론을 사례로 살펴보죠. 사회세계는 '사회학'의 특수한 대상이 되지만, 그 이전에 사회세계를 다룬 담론들이 존재합니다. 저는 몰리에르에 관한 연구를 하고 있는데요, 특히 [그의 작품] 『조르주 당댕』*George Dandin*에 초점을 맞추고 있습니다.[9] 우리는 17세기 연극이 사회적 과정을 탐구하는 양식들 가운데 하나이고, 나중에 사회학적 지식 안에서 다른 용어, 다른 방식을 통해서 [재]구성된다

---

9   [옮긴이] 이는 나중에 다음의 논문으로 발표되었다. Roger Chartier, "George Dandin, ou le social en représentation", *Annales. Histoire, Sciences Sociales*, vol. 49, n. 2, 1994, pp. 277~309. 『조르주 당댕』(1668)은 17세기 프랑스의 유명한 고전극작가인 몰리에르가 쓴 희극이다. 논문에서 샤르티에는 이 희곡의 상연과 수용 과정을 역사적으로 재구성하면서, 그것이 당대의 다양한 공중에게 유통시킨 사회적 앎, 즉 부르주아의 야심에 대한 귀족의 경계심을 역사적으로 읽어 내려고 시도했다.

고 말할 수 있습니다. 이런 주장은 선구자précurseur 개념에 다시 호소하려는 시도가 아닙니다.[10] 그 개념은 좀 어리석다고 할 수 있는데, 위인들의 초상화 갤러리를 만들고 몽테스키외, 혹은 그 이전의 누군가를 나열하고는 이렇게 말합니다. "자, 이들이 바로 사회학의 선조입니다." 이런 작업에는 별다른 가치가 없습니다. 반면에 우리는 과학 장[의 성립] 이전에, 그러니까 어떤 대상이 과학 장, 여기서는 사회학의 고유한 대상이 되기 이전에, 그 대상이 어떤 담론들을 통해서 탐구될 수 있는지 이해할 필요가 있습니다. 이런 작업에는 가치가 없지 않겠죠.

부르디외 네, 정말 그렇습니다. 이번에도 중요한 지적을 많이 하셨네요. 저는 몰리에르 말고도, 19세기 소설이라는 또 다른 사례를 들 수 있습니다. 많은 사람이 발자크Honoré de Balzac를 사회학의 선구자라고 말합니다. 게다가 그는 자기 자신을 사회학자로 간주하고 그렇게 자처했지요. 하지만 제게는 소설가 가운데 최고의 사회학자, 사회학의 창시자는 바로 플로베르입니다. 그런데 제가 이런 이야기를 하면

---

10 [옮긴이] 과학사가인 조르주 캉길렘에 따르면, 선구자는 "지식을 통해서 만들어진 인간이다. 그는 동시대인들보다 먼저 출발했으며 심지어 경주의 승자로 알려진 인물보다 훨씬 앞서 달렸지만, 이런 사실을 우리는 한참 뒤에 지식을 통해서 발견하게 된다." 결국 선구자는 일종의 인공물이자 그릇된 대상인데, 과학적 진리의 역사적 시간을 논리적 시간으로 대체하고 과학사의 대상을 과학의 대상으로 치환하는 허구적 구실을 수행한다. Georges Canguilhem, *Etudes d'histoire et de philisophie des sciences*(1968), Librairie J. Vrin, 1989, p. 22.

사람들이 놀라곤 합니다. 그가 형식소설의 창설자이기 때문이지요. "내가 만들고 싶은 것은 무無에 관한 책이다." 사실 많은 사람이 플로베르의 이 유명한 구절에 기초해서 그를 순수소설, 형식소설, 대상 없는 소설의 창설자로 만들려고 했습니다. 특히 누보로망Nouveau Roman[11] 주변의 소설가, 평론가들이 그렇게 했지요. 하지만 제가 볼 때 그것은 잘못된 시도입니다. 오히려 플로베르는 모든 소설가 중에서 사회학적으로 가장 사실주의에 가깝습니다. 특히 『감정교육』 L'Éducation sentimentale에서 그렇다고 할 수 있는데, 이는 무엇보다도 그가 추구한 형식주의 때문입니다. 정확히 우리는 마네에 관해 똑같이 말할 수 있습니다. 그는 형식을 탐구했지만, 이는 동시에 사실주의에 대한 탐구였습니다. 형식주의와 사실주의의 대립은 쓸모없는 대립 가운데 하나입니다. 플로베르 사례에서 형식의 탐구는 사회적으로 억압된 것의 회귀, 즉 사회적 상기anamnèse의 좋은 본보기입니다. 그는 '이야기하기'만 가지고 소설을 구성하지 않았습니다. 순수소설, 순수하게 형식적인 탐구에 힘입어 플로베르는 사회세계에 관한 자신의 고유한 경험을 '뱉어 내는' 작업

---

11 [옮긴이] 2차 세계대전 이후 프랑스에서 등장한 누보로망('새로운 소설')은 전통적인 소설 형식이나 관습을 부정한 실험적인 소설을 말한다. 종래의 소설이 사실적인 묘사와 치밀한 이야기 구성을 중요하게 여긴 반면, 누보로망은 작가가 정리하기 이전의 자연발생적인 지각, 충동, 기억을 재현하며 새로운 형식과 기교, 언어를 중시했다. 누보로망에는 특정한 시간, 줄거리, 인물 성격 등이 없기 때문에, 독자는 작품에 참여해서 적극적인 독서를 해야 한다. 이런 의미에서 그것은 반소설anti-roman이라고도 불린다.

을 했습니다. 이 때문에 커다란 고통을 겪기도 했지만, 어쨌든 결국 그는 당대의 지배계급에 대한 객관화에 성공합니다. 플로베르가 이룬 성취는 가장 훌륭한 역사적 분석들과 견줄 만합니다.

『감정교육』에 관한 첫 번째 분석을 마치고 나서 저는 몇몇 친구에게 결과를 보냈습니다. 그중 어떤 철학자는 부르주아 사회공간을 묘사한 플로베르의 시각이 사회학적으로 근거가 있는 것인지 제게 물었습니다. 이는 생각해 볼 문제입니다. 제가 보기에 플로베르는 자기 자신이 어떤 분석을 생산하는지 명확히 의식하지 못했죠. 여기서 형식의 문제가 제기됩니다. 왜냐하면 그는 형식에 대한 작업을 통해서 객관적 진실을 생산했기 때문입니다. 이때 형식에 대한 작업은 자기 자신에 대한 작업인 동시에, 사회분석socio-analyse의 작업이기도 합니다. 플로베르는 형식의 탐구를 통해서 자신으로 하여금 소설을 쓰게 만든 것[사회적 힘]에 대한 객관적 진실에 도달합니다. 사람들은 소박하게 이렇게 말합니다. "플로베르는 [『감정교육』의 주인공] 프레데리크Frédéric와 자기 자신을 동일시한다." 플로베르가 프레데리크일까요? 둘은 사회공간 안에서 같은 위치에 있었지만, 프레데리크는 소설을 쓰지 못했고 플로베르는 그런 인물에 관한 소설을 생산했지요. 우리는 논의를 무한히 확장할 수 있습니다. 이는 사회학의 기능, 상기의 역할, 사회분석, 소설과 과학적 담론 간의 관계 등 갖가지 문제를 제기합니다.

한 가지 문제 때문에 저는 깊은 고민에 빠져듭니다. 제가 『감정교육』의 내용을 사회학적 언어로 번역해 하나의 도식으로 제시했을 때, 플로베르의 독자와 애호가들은 그 분석에 대해 조금도 반박하지 못하면서도 엄청난 반감을 드러냈습니다.[12] 그들은 왜 그렇게 할까요? 제가 보기에도 『감정교육』은 최고의 문학적 열정을 불러일으키는 소설 중 하나입니다. 그렇기는 하지만 자신이 '굉장하다'고 여기는 작품이 과학적 담론을 거칠 때, 그러니까 밋밋한 객관화의 형식으로 다시 번역될 때, 그들은 왜 그렇게 심한 혐오감을 느끼는 걸까요? 더욱이 저는 이런 느낌이 별로 낯설지 않아요. 오히려 쉽게 짐작할 수 있죠. 20년 전의 저라면 최근 제가 제시한 일련의 분석에 대해 아마도 똑같이 반발했을지 몰라요.

결국 이런 문제는 객관화 형식에 관해 성찰하게 합니다. 장의 상태에 따라 객관화 형태는 다를 수 있습니다. 오히려 문제가 복잡해질 수 있지만, 하나의 유비를 사용해 보지요. 종교전쟁은 장들이 분화되지 않은 상태에서, 특히 정치 장이 아직 종교 장과 분리되지 않은 상태에서 내전이 취하는 형태입니다. 이때는 농민전쟁이 동시에 종교전쟁입니다. 뒤죽박죽 형태로 투쟁이 일어납니다. 그것이 정치적인지 종교적인지를 묻는다면, 이 질문 자체가 멍청한 짓이 되겠죠. 정치 장은 아직 없었고 종교 장만 있는데, 이런 공간의 한계 안에서 종교전쟁은 어떻게 보면 가장 정치적인 투쟁이 되기 때문입니다. 마찬가지로 선생님이 『조르주 당댕』

---

12 [옮긴이] 피에르 부르디외, 『예술의 규칙』, 하태환 옮김, 동문선, 1999, 「프롤로그」 참조.

과 관련해 보여 주었듯이, 저는 몰리에르가 사회학적 유형의 객관화 형식을 구축했다고 생각합니다. 부르주아/귀족 간의 관계, 분류화 체계들을 둘러싼 투쟁 등에 관해서 말이죠. 플로베르는 검열 체계들의 기존 상태 안에서 가능한 최대치의 말을 하고 있는 겁니다. 특히 가장 정치적인 장르, 즉 소설이라는 특정한 장르와 연계된 검열의 고유한 상태 안에서 그렇게 하고 있지요.

샤르티에 그렇습니다. 플로베르는 가능한 최대치를 말하거나 혹은 다른 식으로 말하지요. 이제 우리는 글쓰기의 문제로 되돌아옵니다. 이 문제는 앞에서 다룬 적이 있지요. 선생님이 말한 모든 내용에 비춰 보면, 거기에는 문학적 글쓰기에 대한 향수 어린 매혹이 있는 듯합니다. 아마도 문학적 글쓰기는 선생님이 생각하는 무언가를 그 어떤 사회학적 글쓰기, 심지어는 가장 뛰어나고 성공적인 작품보다 훨씬 더 강력하고 효과적으로 묘사하는 것 같아요. 바로 여기서 장의 상태와 관련된 질문이 제기됩니다. 그러니까 사회학적 담론이 아직 없을 때, 즉 독립적으로 구성되지 않은 시기에는 문학이나 그 밖의 다른 상징적 산물이 전체 지형을 차지하게 됩니다. 그것은 문학인 동시에 부분적으로 사회학입니다. 그런데 문학과 사회학이 이원화되고 서로 경합하고 경쟁하는 상황으로 들어가면서부터 사회학은 열등한 담론으로 낙인찍힐 수 있습니다. 왜냐하면 양쪽 분과의 공통 대상을 표현할 때, 사회학은 가장 정당한 언어, 즉 문학적 언어를 사용할 수 없기 때문이죠. 여기서 우리는 동일한 담론이 담론 그 자체의 변화 때문이 아니라 담론이 표현되는 장의 변화 때문에 변할 수 있는 하나의 사례를 보고 있습니다. 그렇지 않나요?

부르디외 정말 그렇습니다. 딱히 덧붙일 말이 없군요……

샤르티에 하지만 '사회학'으로서의 문학이라는 문제로 되돌아오면, 선생님은 플로베르가 되고 싶지는 않나요? 그런 순간이 있지 않나요?

부르디외 그렇기도 하고 아니기도 합니다. 분명히 어떤 종류의 향수가 있지요. 그렇기는 해도 저는 몇 가지 이유 때문에 [문학적 담론에서] 거리를 두게 됩니다. 일단 저는 플로베르가 왜 플로베르였는지, 왜 다른 사람이 아닌 플로베르가 될 수밖에 없었는지—사실 플로베르가 된 것만으로도 이미 굉장한 일이지요—사회학적으로 이해할 수 있습니다. 다음으로 저는 플로베르가 사회학자가 되려고 했지만 왜 사회학자가 될 수 없었는지 이해할 수 있습니다. 우리가 잊고 있는 점은 그가 언어의 주인, 형식의 주인이 되려고 했지만, 이와 동시에 사회세계의 진실을 말하고자 했다는 것입니다. 이런 사실은 그의 자료 수집만 봐도 알 수 있습니다. 마지막으로 저는 이런 두 가지 모두를 안다는 사실 때문에, 사실상 소외된 담론에 불과한 어떤 담론[문학적 담론]에서 스스로 거리를 둡니다. 꿈도 꾸지 않아요. 저는 소설가 플로베르가 어느 정도는 자신이 하려고 했던 바를 완전히 하지 못했다고 생각합니다. 그는 자신이 생각한 대로, 속마음에 솔직하게 말을 할 수가 없었어요. 그는 사회세계에 관해 자신이 말한 정도만, 딱 그 정도 선에서만 말할 수 있었죠. 아마도 플로베르는 자신이 견딜 수 있는 형식, 즉 [소설적] 형식화를 통해서만 사회세계의 진실을 제시하고 그런 한에서만 진실을 견뎌 낼 수 있었기에 그랬겠죠…… 사람들이 흔히 제게 이렇게 말하곤 합니다. "하지만 결국, 당신네 사회학자들은 소설가들에 비해 뒤처져 있습니다." 이를테면, 포크너William Faulkner가 있겠죠. 제가 볼 때 그는 민중적인 담론을 탁월하게 다룬 소설가입니다. 이런 말이 아주 놀랍게 들릴 수도 있는데, 만일 우리가 인터뷰 상황에서 자주 만날 수 있는 민중적 언어와 같은 것을 어디서 찾을 수 있냐고 묻는다면, 저는 바로 포크너에 있다고 답할 겁니다.[13] 예컨대

---

13 [옮긴이] 이 부분의 의미를 명확히 이해하기 위해, 좀 길지만 부르디외가 사회학자 로익 바캉Loïc Wacquant과 나눈 대화를 참고할 만하다. "몇 달 전, 베아른의 어린 시절 친구가 개인적 문제를 상의하려고 나를 만나러 왔다. 그 친구는 아주 극적인 방식으로 사적인 문제를 겪고 있었다. 그는 내게 포크너Faulknerian를 연상시키는 이야기를 들려주었다. 처음에 나는 그것을 이해할 수 없었다. 관련된 사실 정보를 내가 거의 다 알고 있었는데도 말이다. 몇 시간의 토론 끝에 나는 이해하기 시작했다. 그가 내게 말했던 것은 서너 개의 서로 엮여 있는 비슷한 이야기를 동시에 풀어놓은 것이었다. 먼저 아내와의 관계를 중심으로 한 자신의 인생담이 있었다. 그는 몇 년 전에 죽은 아내가 자기 형과 부정한 짓을 하지는 않았는지 의심했다. 다음으로 자기 아들의 약혼자와 관련된 인생담이 있었다. 거기서는 약혼자와의 관계를 중심으로 이야기가 펼쳐졌다. 그는 그 아가씨가 별로 '좋은' 여자가 아니라고 믿었다. 또 이 두 이야기의 조용하면서도 신비로운 목격자인 그의 어머니의 인생담이 있었다. 여기에 몇몇 주변적인 인생담이 더해졌다. 나는 어떤 주요 인생담이 그에게 가장 고통스러웠는지, 그 자신의 것인지, 그의 아들

시간 구조, 이야기 구조, 언어 사용 등에 관한 이해 면에서 소설가들이 훨씬 더 낫지요. [사회학자에 비해서] 대체로 그렇죠. 그런데 이는 그들이 형식화 작업에 몰두하면서 실재와 거리를 두기 때문에 가능한 겁니다. 소설가들은 형식이라는 핀셋을 가지고 실재를 건드리죠. 이런 형식이 없다면 그들은 실재를 견딜 수 없겠죠. 반면에 사회학자들은 참을 수 없는 일을 합니다. 그들은 사태를 있는 그대로 형식화 없이 말합니다. 그렇기 때문에 그들은 참을 수 없는 반감을 불러옵니다. 형식의 차이는 모든 것인 동시에 아무것도 아니죠. 저는 『감정교육』을 도식화했는데, 이런 작업에서 우리는 아무것도 변형하지 않으면서 모든 것을 변형하는 사례를 만나게 됩니다. 이런 변형, 즉 도식화는 [소설이 가진] 매

것인지 말할 수 없었다(여기서 쟁점은 농장과 그에 딸린 토지의 미래였고, 이 문제는 결국 부자 관계의 미래를 뜻했다). 나는 어떤 이야기가 어떤 다른 이야기를 위장하고 있는지, 또는 상동성의 힘으로, 다른 이야기를 가려진 형태로 진술하도록 만들고 있는지 알 수 없었다. 확실한 것은 이 이야기의 논리가 대용어들, 특히 '그를', '그의', 또는 '그녀를', '그녀의 것' 등의 지속적인 모호성에 기대고 있다는 점이다. 나는 그 용어들이 가리키는 대상이 그 자신인지, 그의 아들인지, 아들의 약혼자인지, 아니면 그의 어머니인지 말할 수 없었다. 그것들은 서로 교환가능한 주체로서 기능했으며, 그 대체가능성 자체가 그가 겪은 드라마의 원천이었다. 나는 바로 거기서 민족지학자와 사회학자가 만족해하는 선형적인 생애담이 얼마나 인위적인 것인지, 버지니아 울프, 포크너 혹은 클로드 시몽의 겉보기로는 지나치게 형식적인 탐구가 전통적인 소설들이 우리를 익숙하게 만든 선형적 서사보다 오늘날 얼마나 더 '사실주의적'realistic(만일 이 단어가 어떤 의미가 있다면)으로 보이는지, 인류학적으로 얼마나 더 진실하며 시간적 경험의 진실에 가깝게 보이는지 아주 분명히, 충분할 정도로 깨달았다." 피에르 부르디외·로익 바캉, 『성찰적 사회학으로의 초대』, 이상길 옮김, 그린비, 2015, 337~338쪽(부분 수정).

력적 요소를 참을 수 없게 만듭니다. 왜냐하면 그 매력 자체가 어떤 부인dénégation의 산물이기 때문입니다. [달리 말해, 소설은 형식화를 통해 사회적 진실을 부인함으로써 고유한 매력을 생산합니다.] 그리고 이는 수용자에 의해서 한 번 더 부인됩니다. 수용자는 [소설의 형식화를] 이해하지 못한 채 모든 걸 안다고 생각합니다. 수용자는 [소설을 통해] 누구도 알려고 하지 않는 것, 즉 사회적 불feu social[사회적 진실]을 가지고 '불장난을 하는' 매력을 느끼곤 합니다.

샤르티에 제가 보기에 글쓰기 양식과 학문적 규율 사이의 관계는 분과학문에 따라 달라집니다. 역사학의 경우는 문학적 구성에서 이야기나 서사형식을 기꺼이 빌려 오는데, 그렇게 빌려 온 틀에 의식적이건 아니건 간에 자기 자신을 손쉽게 맞춥니다. 이런 점에서 사회학과 역사학은 쟁점이 똑같지 않습니다. 사회학에서는 대상 그 자체에 대한 거리가 매우 중요합니다. 이것이 차이를 만들지 않나요?

부르디외 그 대목에서 저는 동료 역사학자들을 좀 약올리는 말을 하고 싶은데요. 짓궂게도 그런 생각이 자주 듭니다. 그들은 글쓰기와 멋진 형식을 추구하는데, 이는 아주 정당한 관심입니다. 그러면서도 그들은 개념의 투박한 남용과 거리를 둡니다. 이는 학문의 진보를 위해서 대단히 중요한 태도입니다. 역사학에서 멋진 이야기는 환기évocation 작용을 하기 때문에, 이에 대한 관심이 매우 중요합니다. 학문적 대상을 구성하는 방식 가운데 하나는 그 대상을 느끼게 하고 보게 하는 데 있으며, 거의 미슐레Jules Michelet적 의미에서 [즉 역사를 실감 나게 그려 내 다시 경험하게 만든다는 뜻에서] 대상 자체를 환기시키는 데 있죠.[14] 제가 이런 방식을 그다지 좋아하지는 않지만, 아무튼 우리는 구조를 환기시킬 수 있습니다! 이는 이상하게 보일지 몰라도, 역사학자의 기능 가운데 하나입니다. 반면에 사회학자는 즉각적인 직관을 벗어 던져야 합니다. 이런 점에서 역사학자와 사회학자는 기능이 다르지요. 만일 선거방송에서 해설을 한다면, 사회학자는 시청자들이 이미 충분히 알고 있다고 전제합니다. 그래서 거두절미하고 핵심으로 나아가야 합니다. 반면에 역사학자는, 예를 들어 클뤼니 수도회의 수사들에 관해 말하고 싶다면, 숲 등등[사소하고 주변적인 요소들]을 환기시킬 수 있습니다. 멋진 스타일이 갖는 기능이 분명히 있습니다. 하지만 제가 보기에 역사학자는 때때로 멋진 형식에 너무 많은 걸 희생시킵니다. 나아가 이 과정에서 역사학자는 원초적 경험, 심미적 선호, 대상관계의 쾌락과 완전히 단절하지 못하지요.

---

14 [옮긴이] 19세기 프랑스의 가장 위대한 역사가 중 한 명인 쥘 미슐레(1798~1874)는 국립 고문서보존소 역사부장, 파리대학 교수, 콜레주드프랑스 교수를 역임했다. 그는 아날학파 이전 프랑스 역사주의의 대표자로 꼽히며, 역사를 과거의 '부활' 내지 '재생'으로 규정했다. 그는 또 역사서술이 민중에 초점을 맞추어야 한다고 주장하면서, 진보적인 관점에서 사건들에 대한 주관적 평가와 상상력을 가미한 생생한 묘사를 제시한 것으로 유명하다. 주요 저서로 『프랑스사』, 『프랑스혁명의 역사』 등이 있다.

샤르티에 맞습니다. 이는 역사학자들이 다양한 이해 형식들로 되돌아감으로써 강화됩니다. 사회적 행위자는 각자 나름의 이해 형식을 갖고 있는데, 역사학자는 이런 생생한 체험을 되살려 내는 데 관심이 많습니다. 행위자들이 세계를 어떻게 이해하는지 알고 싶은 것이죠. 그래서 역사학자는 죽은 영혼들을 부활시켜 자신의 이야기 속에서 새로운 생명을 부여하는 임무를 떠맡게 됩니다. 이 지점에서 미슐레에 대한 참조는 강력한 동시에 불가피한 것이기도 합니다. 하지만 그것은 또한 구조와 행위자, 위치와 하비투스를 접합하는 작업, 즉 선생님이 하는 사회학에 대해서는 방해가 될 수도 있겠지요.

옮긴이 후기

그러니까 벌써 20여 년 전의 일이다. 당시 파리에서 유학 중이던 나는 사회과학고등연구원EHESS에서 '문화적 실천의 사회사'Socio-histoire des pratiques culturelles에 관한 로제 샤르티에의 세미나를 수강하고 있었다. 어느 봄날 샤르티에가 강의실에 들어와 자신이 철학자 자크 데리다Jacques Derrida와 대담을 하게 되었다며, 그 자리에서 발언할 내용을 미리 예행연습 삼아 이야기할 테니 논평을 좀 해 달라고 학생들에게 부탁했다. 그는 자신이 이전에 데리다를 제대로 읽어 본 적이 없어서 많이 긴장하고 있다며, 대담 준비를 하느라 데리다의 책들은 물론 몇 권의 입문서를 열심히 읽었다고 말했다. 샤르티에는 그중 가장 유용했던 책이 『초심자를 위한 데리다』Derrida for beginners라는 학습만화였다고 싱글거리며 너스레를 떨었다. "나중에 데리다에게는 물론 이번 기회에 당신의 책들을 '다시 읽었다'고 말해야겠지요." 학생들 사이에서 웃음이 터졌다.

　구글링을 해 보니, 대담은 1997년 3월 20일에 있었다. 지금은 고인이 된 프랑수아 미테랑François Mitterrand 대통령이 자신의 문화사업 공약에 따라 야심 차게 신축했던 프랑스국립도서관BNF 개관 기념행사의 일환이었다. 두 시간에 걸쳐 이루어진 그 대담은 현재 도서관에 CD 녹음 자료로 남아 있다. 데리다의 제자인 철학자 베르나르 스티글레르Bernard Stiegler가 사회를 맡은 토론의 주제는 '도래할 책'Le livre à venir. 그때 나 역시 청중석에 앉아 있었지만, 두 사람의 대화 내용이 또렷이 기억나지는 않는다. 그저 논의가 아주 매끄럽게 이어지지는 않았다는 전체적인 인상, 그리고 철학자의 시각이 비역사적이라고 비판하는 샤르티에에게 "우리 사이에는 사실 근본적인 관점의 차이가 없다"고 애써 강조했던 데리다의 자기변호 정도가 그날의 토론에서 내가 기억하는 전부다.

그럼에도 오래전 유학생활의 이 작은 에피소드를 내가 이후로도 가끔씩 떠올리게 된 이유는 그것이 두 가지 사소한 진실을 실감 나게 일깨워 주었기 때문이다. 한 가지는 공부하는 사람들에게 좋은 입문서가 무척 중요하다는 것이다. 샤르티에 같은 '대가'라 해도 그 점에서 예외일 수는 없다. 누구든 모든 것을 처음부터 어떻게 다 알겠는가? 어떤 사유와 지식에도 출발점은 늘 있게 마련이고, 바로 그 지점에 입문서의 소중한 역할이 있다. 훌륭한 입문서는 지나치게 방대하거나 전문적인 영역의 지식을 전체적으로 개관하고 질문과 개념을 요령 있게 습득하는 데 많은 도움을 준다. 철학자와 역사학자의 대담이 내게 남겨 준 또 다른 교훈은 서로 다른 분야의 전문가들끼리 생산적으로 소통하기가 참 어렵다는 것이다. 전문가란 결국 자기 분야에서 배우고 익힌 사고방식, 논리구조, 전문용어 등을 철저히 체화하고 있는 사람이다. 그렇다 보니 그들이 자신의 사유습성과 지식을 가급적 상대화하면서 열린 태도로 진정한 의미의 대화를 나누기란 쉽지 않다. 상이한 분야의 전문가들 간 토론이 대개 각자 반향 없는 독백을 늘어놓는 수준에 머물고 마는 까닭이 거기 있을 것이다.

외국에서는 어떤 유명한 지식인이 사망하고 나면 그가 생전에 남긴 모든 말과 글을 남김없이 활자화하는 일이 일반화된 지 오래다. 저자 이름이 앞자리에 붙는, '누구누구 산업'~industry이라는 말이 유행할 정도다. '부르디외 산업'도 여전히 번창 중이어서, 그가 타계한 지 한참이나 지났지만 콜레주드프랑스 강의록을 비롯해 강연, 대담 등 주로 그가 '말한 것들'이 꾸준히 신간 목록에 제목을 올린다. 여기 우리말로 옮겨 내놓는 부르디외와 샤르티에의 대담집도 그와 같은 흐름을 타고 2010년 프랑스에서 출간된 책이다. 그 원본은 1988년 2월 1일부터 5일까지 공영 라디오 채널 프랑스퀼튀르에서 방송한 프로그램 「생생한 목소리로」의 5회분 대담의 녹취록이다. 그런데 이 텍스트는 부르디외가 생전에 또는 사후에 내놓은 다른 책들과 비교해 볼 때 두 가지 고유한 장점을 지닌다. 하나는 이것이 부르디외 사유에 대한 탁월한 입문서라는 점이고, 다른 하나는 사회학과 역사학 분야의 두 거장이 남긴 흥미로운 소통의 기록이라는 점이다. 사회학자 부르디외야 국내에도 오래전부터 널리 알려져 있는 유명한 지식인이니만큼 긴 설명이 필요하지 않을 것이다. 샤르티에는 아날학파의 4세대를 대표하는, 문화사 분야의 내로라하는 권위자이다. 2006년 이래 콜레주드프랑스에서 '근대유럽의 문자문화' 담당 교수로 재직 중인 그는 책과 인쇄술, 읽기의 역사를 선구적으로 발전시켰으며, 역사학자로서는 보기 드물게 푸코, 부르디외, 세르토, 엘리아스 등의 이론적 논의를 역사연구에 접합하려는 시도로 주목받아 왔다.[1] 부르디외의 대화 상대가 샤르티에였다는 사실은 이 대담집의 가치를 높이는 데 결정적으로 기여했다. 문화사 분야의 전문가로서 샤르티에는 문화생산 장 이론을 비롯한 부르디외 사회학 전반에 이해가 깊을 뿐만 아니라, 「서문」에서 스스로 밝히고 있듯이, 부르디외와 이미 여러 차례 생산적인 토론을 나눈 경험이 있기 때문이다. 두 사람이 오랜 친분 관계를 맺어 온 데다가 일반 공중 대상의 라디오 방송이라는 발화 상황까지 겹쳐진 덕분에, 사회학자와 역사학자의 대담은 줄곧 쉬운 언어와 일상적 사례들을 통해 경쾌하게 도약하는 이인무二人舞처럼 거침없이 펼쳐진다. 그리하여 이 책은 부르디외 저서들의 복잡다단한 지형 위에서 헤매는 이들에게 사회학자 자신의 말로 이루어진 간결한 지적 지도의 역할을 수행하는 한편, 사회학과 역사학 사이의 시각 차이와 긴장 관계, 그리고 상호보완적인 방향성을 가리켜 주는 학문적 나침반의 기능 또한 제공한다.[2] 이 작은 대담집이 발간된 지 얼마 지나지 않아 영어, 독

---

1 샤르티에에 대한 간단한 소개문으로 우리는 다음의 글을 참조할 수 있다. 백종률, 「로제 샤르티에와 역사학의 새로운 가능성」, 『역사와 문화』, 3호, 2001, 42~73쪽.
2 부르디외 사회학과 역사학의 관계에 관한 좀 더 최신의 논의로는 다음의 두 문헌이 특히 유용하다. Eric Hobsbawm, "Pierre Bourdieu:

일어, 이탈리아어 등으로 옮겨지고 독자들 사이에서 나름의 인기를 끌고 있다면, 바로 그와 같은 미덕 때문일 것이다.

한마디 덧붙이자면, 원제가 『사회학자와 역사학자』*Le sociologue et l'historien*인 이 책이 본래 라디오방송 내용을 근간으로 한 텍스트라는 점은 우리에게도 시사하는 바가 적지 않다. 나는 프랑스가 인문사회과학의 세계적 권위를 누릴 수 있는 저력이 그 사회 특유의 지성적 풍토에서 나온다고 본다. 지성주의의 형성과 유지에는 당연히 교육제도가 가장 중요한 역할을 하고 있겠지만, 프랑스퀼튀르 같은 공영미디어 역시 크게 이바지해 왔다. 사실 샤르티에는 프랑스퀼튀르에서 오랫동안 「역사의 월요일」을 맡아 진행한 경력이 있다. 역사와 관련된 중요한 신간이나 주제를 놓고 사회자와 역사학자가 함께 토론하는 이 프로그램은 1966년부터 2014년까지 50년 가까이 방송되었는데, 샤르티에 말고도 자크 르 고프Jacques Le Goff, 미셸 페로Michelle Perrot, 아를레트 파르주Arlette Farge 같은 일급 역사학자들이 사회를 보았다.

이처럼 프랑스에는 지식인들을 스튜디오에 데려다 놓고서 시사문제에 대한 개인적인 의견이나 잡담을 늘어놓게 하는 것이 아니라, 자신이 현재 진행하는 연구의 전문적인 내용을 설명하고 토론하게 만드는 프로그램들이 있고 채널

Cultural sociology and social history", *New Left Review*, N.101, 2016, pp.37~47; Philip S. Gorski(ed.), *Bourdieu and Historical Analysis*, Duke University Press, 2013.

들이 있다. 대단한 청취율, 시청률을 올리지는 못한다 하더라도 그러한 프로그램들이 중요한 콘텐츠로 여겨지며 꾸준히 제작되고 방송되는 현실은 그 자체로 상당한 의미를 지닌다. 그것은 지식인들을 그들의 역할과 기능에 걸맞게 대접하면서 그들이 연구 결과를 널리 소통할 수 있는 기회를 제공하고, 그들 작업의 의의를 그들 자신에게나 일반 공중에게 거듭 일깨워 준다. 그것은 지성을 특정한 정치적 목적이나 경제적 이해관계에 부합하기 때문이 아니라, 그저 지성이기 때문에 그 자체로 존중해야 한다는 원칙을 확인하고 사회적으로 추구해야 할 가치로서 보전한다. 이렇게 해서 프랑스식 지성주의의 '환상'이 작동하는데, 잊지 말아야 할 것은 바로 그러한 환상 없이는 인문사회과학의 지성이 실제로도 전진할 수 없다는 점이다. 부르디외가 생전에 프랑스 방송의 상업화 추세를 가차 없이 비판하고 공영 문화채널과 역사채널 등을 옹호하는 활동을 했던 것도 이러한 문제의식과 무관하지 않았을 터이다. 약간 엉뚱하게 여겨질 수도 있겠으나, 이 책이 우리 사회에서 지식인과 미디어를 활용하는 방식, 그리고 그 밑에 깔려 있는 반反지성주의를 한 번쯤 되돌아보게 만드는 계기가 된다면 그 또한 의미 있는 일일 것이다.

우연히도 이 책의 초벌 번역은, 원 텍스트가 그랬듯, 먼저 말의 형태로 대화를 통해 이루어졌다. 2011년 봄, 우리 대학원의 석사과정에 있던 배세진이 개인적으로 내게 프랑스어 지도를 부탁해 왔다. 내가 그 제안을 수락하면서, 공강 시간을 틈탄 우리의 일대일 원서 강독이 시작되었다. 우리는 부르디외의 사유를 간결하고도 명확히 제시해 주는 이 책을 교재로 삼았고, 한 학기에 걸쳐 텍스트를 한 문장 한 문장씩 함께 읽어 가며 구술만으로 일종의 초역을 진행했다. 물론 당시에는 순전히 프랑스어 공부의 목적에서였을 뿐, 두 사람 모두 출판하겠다는 의도나 계획은 갖고 있지 않았다. 몇 년 뒤, 배세진이 파리에서 박사과정을 밟게 되면서 이 책을 정식으로 번역해 출판하고 싶다는 의향을 내게 전해 왔고, 마침 킹콩북에서 저작권을 구입하면서 일이 순조롭게 풀릴 수 있었다. 공역 작업은 배세진이 마련한 초역 원고를 내가 전체적으로 다시 검토하면서 수정, 보완하는 식으로 이루어졌다. 번역 원고 전문을 정리하고 윤문하는 과정에서 심성보, 박진수, 이윤영 선생님께 큰 도움을 받았다. 이 자리를 빌려 감사드린다. 채웅준은 고맙게도 번역용어와 문장 등에 어색한 부분이 없는지 마지막까지 꼼꼼히 살펴봐 주었다. 혹시라도 있을지 모르는 오역의 책임은 당연히 옮긴이들 몫이지만, 여러 사람의 노고 덕분에 이만큼의 책이나마 만들어질 수 있었다는 사실만은 가감 없이 적어 두고 싶다.

    결과적으로는 다소 복잡한 과정을 에둘러 온 셈이 되었어도, 어쨌거나 이 책을 출간하게 되어 나로서는 기쁜 마음을 감출 수 없다. 거기엔 뛰어난 제자와의 공부시간이 나름대로 작은 결실을 맺었다는 개인적인 보람도 없지 않지만, 부르디외의 사유를 처음 접하는 이들에게 그 자신의 목소리로 기록된 쓸모 있는 입문서를 내놓는다는 만족감이 무엇보다도 크다. 부디 많은 독자가 이 책을 라디오방송이나 팟캐스트를 듣듯이 편하게 읽고, 부르디외의 사유가 사회학과 역사학의 특성뿐만 아니라, 후기자본주의 사회와 문화에 내재하는 문제들을 이해하는 데 어떤 통찰을 주는지 헤아려 보았으면 하는 바람이다.

옮긴이를 대표하여
이상길

사회학자와 역사학자

초판 1쇄 2019년 4월 5일
초판 3쇄 2023년 3월 1일

지은이 피에르 부르디외·로제 샤르티에
옮긴이 이상길·배세진
펴낸곳 킹콩북
펴낸이 심성보

출판등록 제324-2013-000030호
주소 서울시 강동구 천중로 195-28(길동) 202호
전화 070-8273-2249
팩스 0505-326-2249
전자우편 kingkongbook@daum.net

ISBN 979-11-955071-4-6 (90300)

이 도서의 국립중앙도서관 출판시도서목록(CIP)은
서지정보유통지원시스템 홈페이지(http://seoji.nl.go.kr)와
국가자료공동목록시스템(http://www.nl.go.kr/kolisnet)에서
이용하실 수 있습니다.(CIP제어번호: CIP2019005852)